CATALOGUE

DE

LIVRES ANCIENS

ET MODERNES

PRINCIPALEMENT

SUR LA THÉOLOGIE, LA PHILOSOPHIE
LES BELLES-LETTRES ET L'HISTOIRE

COMPOSANT

LA BIBLIOTHÈQUE DE FEU M. B. AUBÉ

DOCTEUR ÈS LETTRES

PROFESSEUR HONORAIRE DE PHILOSOPHIE AU LYCÉE CONDORCET

PARIS

LABITTE, ÉM. PAUL ET Cⁱᵉ

LIBRAIRES DE LA BIBLIOTHÈQUE NATIONALE

4, RUE DE LILLE, 4

SUCCURSALE ET SALLES DE VENTES AUX ENCHÈRES

28, rue des Bons-Enfants (Ancienne Maison Silvestre)

—

1888

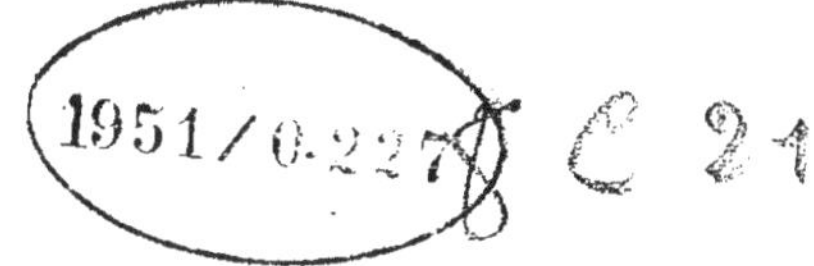

CATALOGUE
DES LIVRES

COMPOSANT

LA BIBLIOTHÈQUE DE FEU M. B. AUBÉ

THÉOLOGIE

1. La Bible. Traduction nouvelle avec introductions et commentaires par Ed. Reuss. *Paris, Sandoz et Fischbacher*, 1877-1881, 17 vol. in-8, demi-rel. mar. grenat, tête peigne, ébarbé.

2. ¶ Expositio in Genesim iu ‖ xta quadruplicē sacrc scripture sensume, literalem scilicet, moralem, allegoricum, ‖ et anagogicum, authore fratr ‖ Guillelmo ‖ Pepino, sacre theologie professore, reli ‖ giosi convētns Ebroyceñ. ordinis predi ‖ catorum alumno ꝫ incola. ‖ *Parisiis, apud Claudium Chevalloniū*, 1528, pet. in-8, goth. à 2 col. de 2 ff. prél. non chiff. et 430 ff. chiff. v. gris.

   Version latine du Pentateuque antérieure à saint Jérôme, publiée d'après le manuscrit de Lyon, avec des fac-similés et des observations... sur l'origine et la valeur de ce texte par Ul. Robert. *Paris, Firmin Didot*, 1881, in-4, demi-rel. peau de truie, tête dor. ébarbé.

4. Les Douze Petits Prophètes, traduits en françois, avec l'explication du sens littéral et du sens spirituel, tirée des SS. Pères et des auteurs ecclésiastiques. *Paris, Lambert Roulland*, 1679, in-8, mar. r. dos orné, fil. et comp. tr. dor. (*Du Seuil.*)

5. Novum Testamentum græcum. Editio nova recognita et emendata. *Londini, Allman*, 1820, in-8, demi-rel. mar. r. à long grain avec coins, dos orné, non rog. (*Thouvenin.*)

6. Le Nouveau Testament en françois avec des réflexions morales sur chaque verset... *Amsterdam, Nicolai*, 1727, 8 vol. in-8, v. ant. gran. tr. dor.

7. Les Livres du Nouveau Testament traduits pour la première fois d'après le texte grec le plus ancien, avec les variantes de la vulgate latine... par Albert Rilliet. *Paris, Cherbuliez*, 1859. — Les Évangiles. Examen critique et comparatif des trois premiers évangiles, par G. d'Eichthal. *Paris, Hachette*, 1863. — Ens. 2 vol. in-8, demi-rel. chag. r. et vert.

8. Histoire critique du Vieux Testament par le R. P. R. Simon. *Amsterdam, pour la Comp. des libraires*, 1685, 1 vol. — Histoire critique du texte du

Nouveau Testament par Richard Simon, prêtre. *Amsterdam, Reinier Leers,* 1689, 2 vol. — Ens. 3 vol. in-4, à 2 col. parch.

Ouvrage estimé dont la première édition fut saisie par la police à son apparition.

9. Mélanges sur l'Ancien et le Nouveau Testament. — Réunion de 8 vol. in-8 et in-12, demi-rel. et br.

Th. Nöldeke. Histoire littéraire de l'Ancien Testament, traduit par MM. Derenbourg et Soury. *Paris,* 1873. — A. Kuenen. Histoire critique des livres de l'Ancien Testament, traduit par M. Pierson. *Paris,* 1866, *Tome I,* br. — Les Évangiles et l'histoire, par Pierre-Victor. *Paris,* 1879. — Le Judaïsme, conférence par E. Renan. *Paris,* 1883. — Le Moïse historique et la rédaction mosaïque du Pentateuque, par Ch. Shœbel. *Paris,* 1875. — Histoire du canon des Saintes Écritures dans l'Église chrétienne, par E. Reuss. *Strasbourg,* 1863. — Le Symbole des Apôtres, essai historique, par Michel Nicolas. *Paris,* 1867, br. — Théologie de la Trinité, d'après S. Grégoire de Nazianze, par H. Bouquet. *Paris,* 1875.

10. Études sur les livres apocryphes. — Réunion de 4 vol. in-8, demi-rel. et br.

Evangelia apocrypha... collegit atque recensuit C. de Tischendorf. *Lipsiæ,* 1876. — Codex apocriphus Novi Testamenti... e libris collectus notisque illustratus opera et studio J. C. Thilo. *Lipsiæ,* 1832, *Tomus I.* — Acta apostolorum apocrypha edidit C. Tischendorf. *Lipsiæ,* 1851. — De Evangeliorum apocryphorum origine et usu scripsit C. Tischendorf. *Hagæ Comitum,* 1851.

11. Strauss. Vie de Jésus, ou Examen critique de son histoire, traduite par E. Littré. *Paris, Ladrange,* 1856, 2 vol. — Nouvelle Vie de Jésus, traduite par Nefftzer et Dollfus. *Paris, Librairie internationale, s. d.* 2 vol. — Ens. 4 vol. in-8, demi-rel. chag.

12. Études sur Jésus-Christ. — Réunion de 6 vol. in-8 et in-12, demi-rel.

Jésus, par le Dr Schenkel. *Paris,* 1865. — La Vie de N. S. Jésus Christ, par L. Veuillot. *Paris,* 1864. — Jésus-Christ et sa doctrine, par J. Salvador. *Paris,* 1838, 2 vol. — Quatre critiques de la Vie de Jésus de Renan : *Jésus-Christ, réponse à M. Renan,* par A. Gratry. *Jésus dans l'histoire,* par E. Havet. *Examen de la Vie de Jésus de Renan,* par T. Colani. *La Vie de Jésus et son nouvel historien,* par H. Wallon. Ens. 4 opuscules en 1 vol. — Jésus-Christ et les croyances messianiques de son temps, par T. Colani. *Strasbourg,* 1864. — Histoire des idées messianiques depuis Alexandre jusqu'à l'empereur Hadrien. *Paris,* 1874. — Critique des récits sur la vie de Jésus, par E. Havet. (Extrait de la *Revue des Deux Mondes.*)

13. Patrologiæ cursus completus, seu Bibliotheca omnium ss. patrum, doctorum, scriptorumque ecclesiasticorum... accurante J. P. Migne. *Paris, Migne,* 1842-65, 10 vol. gr. in-8, dont 9 br. et 1 rel. bas. bleue.

S. Cyprianus, Minucius Felix, Cornelius, etc., 2 vol. — Origenes. — S. Epiphanus 3 vol. — Simeon Metaphrastes, 3 vol. — S. Hieronymus, *tome I.*

14. Œuvres des Pères de l'Église. — Réunion de 7 vol. in-8 et in-12, demi-rel.

Patrum apostolicorum opera, textum recognovit... C. J. Hefele. *Tubingæ,* 1855. — S. Augustin. La Cité de Dieu; traduit par L. Moreau. *Paris,* 1843, 2 vol. — Clementis romani homiliæ viginti. *Gottingæ,* 1853. — S. Jérôme. Œuvres publiées par M. Benoît Matougues. *Paris,* 1838. — Origenis de principiis libri quatuor. *Berolini,* 1847. — Synésius. Œuvres, publiées par H. Druon. *Paris,* 1878.

15. Corpus apologetarum christianorum sæculi secundi, edidit J. C. T. Otto. *Ienæ, Manke,* 1867, 4 vol. in-8, demi-rel. chag. vert.

S. Justinus, 3 vol. — Tatianus assyrius.

16. Philosophoumena sive Hæresium omnium confutatio, opus Origeni adscriptum, recensuit P. Cruice. *Parisiis, in typographeo imperiali,* 1860. — S. Hippolyti Refutationes omnium hæresium libri X qui supersunt, recensuerunt L. Duncker et F. G. Schneidewin. *Gottingæ,* 1850. — Études sur les Philosophoumena par M. l'abbé Cruice. *Paris,* 1853. — Ens. 3 vol. in-8, demi-rel.

17. Corpus scriptorum ecclesiasticorum latinorum. *Vindobonæ, Gerold,* 1866-1875, 6 vol. in-8, br.

Sulpicius Severus. — M. Minucius Felix Octavius. — S. Thascus Cæcilius Cyprianus. 3 vol. — Arnobius.

18. Opera ‖ Q. Septimi Floren ‖ tis Tertulliani inter latinos ecclesiæ ‖ scriptores primi... per Beatum Rhenanum Selestadiensem e tenebris eruta... *Basileæ*, 1528, pet. in-fol. ais de bois recouverts de v. brun estampé.

   Une des premières éditions, rare et non citée.
   Note manuscrite sur le titre. Reliure fatiguée.

19. Lactance Firmian. Des divines Institutions contre les Gentils et idolâtres. Traduit de latin en françois, par René Famé. *Lion, Jean de Tournes*, 1555, in-16, v. gris, dos orné, fil.

   Notes marginales manuscrites. Quelques mouillures. Raccommodage au titre.

20. Traité de Lactance de la Mort des persécuteurs de l'Église, mis en françois par M. Maucroix. *Paris, Muguet*, 1680, in-12, mar. r. dos orné, fil. comp. tr. dor. (*Du Seuil.*)

21. Etudes sur les Saints Pères grecs et latins. — Réunion de 12 vol. in-8, rel.

   L. Montet. Les Livres du pseudo-Denys l'Aréopagite. 1848. — L. Duchesne. Vita Sancti Polycarpi. 1881. — J. Cognat. Clément d'Alexandrie. 1859. — P. Morize. Denys d'Alexandrie. 1881. — P. Albert. Saint Jean Chrysostome orateur populaire. 1858. — H. Druon. La Vie et les œuvres de Synésius. 1859. — J.-P. Condamin. De Tertulliano vexatæ religionis patrono et præcipuo, apud latinos, christianæ linguæ artifice. 1877. — E. Blampignon. De Sancto Cypriano. 1861. — Havet. Cyprien, évêque de Carthage. — Am. Thierry. Saint Jérôme. 1867. 2 vol.

22. Études sur les Pères de l'Eglise. — Réunion de 4 vol. in-8, demi-rel.

   Études sur les Pères de l'Église par J.-P. Charpentier. *Paris*, 1853, 2 vol. — Doctrin de S. Augustin sur la Liberté et la Providence, par E. Bersot. *Paris*, 1843. — De Justini martyris scriptis et doctrina... scripsit J. C. T. Otto. *Ienæ*, 1841.

23. Mœhler : Athanase et son temps (trad. J. Cohen). 3 vol. — La Patrologie (même trad.). 2 vol. — Histoire de l'Eglise (trad. de l'abbé Bélet). 3 vol. — *Paris*, 1840-1860. — Ens. 8 vol. in-8, demi-rel. chag.

24. Pensées de M. Pascal sur la Religion et sur quelques autres sujets, qui ont esté trouvées après sa mort parmy ses papiers. *Paris, Guillaume Desprez*, 1670, in-12 de 36 ff. prél. 365 pp. et 11 ff. non chiff. pour la table et le privilège, mar. r. dos orné, fil. dent. int. tr. dor. (*Smcers.*)

   Raccommodages.

25. Pascal : Les Provinciales. 1 vol. — Les Pensées. 2 vol. — *Paris*, 1866-1886. — Ens. 3 vol. in-8, dont 1 br. et 2 en demi-rel.

26. Les Œuvres de la sainte mère Térèse de Jésus, nouvellement traduites d'espagnol en françois par le R. P. Cyprien. *Paris, Sebastien Huré*, 1650, 2 parties en 1 vol. in-4, titre gr. v. brun ant.

   Édition rare non citée. La plus ancienne traduction indiquée par Brunet est de 1670. Mouillures. Court de marges.

---

27. Institution de la Religion chrestienne. Nouvellement mise en quatre livres et distinguée par chapitres, en ordre et methode bien propre : augmentée aussi de tel accroissement, qu'on la peut presque estimer un livre nouveau. Par Jean Calvin. S. l. 1562, in-4, vél.

   Fortes taches, mouillures, déchirures.

28. Mélanges théologiques : thèses, sermons, etc. en latin, français et allemand. Recueil d'environ 400 pièces diverses réunies en 9 vol. in-8 et in-12, demi-rel. bas. r.

   Preuves de l'inspiration des apôtres par B. et A. Monod. *Genève*, 1824. — Selbstständigkeit und Abhängigkeit, oder Philosophie und Theologie, von D^r. Schulz. *Giessen*, 1822. — Précis des débats théologiques qui depuis quelques années ont agité la ville de Genève, par J. Chenevière. *Genève*, 1824. — Observations sur les votes de 41 conseils

généraux concernant la déportation des forçats libérés. *Paris*, 1828. — Nouvelles considérations sur l'Imitation de J.-C., par J.-B. M. Gence. *Paris*, 1832. — Discours d'ou-
verture du cours d'explication universelle (Ecole de la Vérité), prof. H. Azaïs. *Paris*,
1833. — Tour du monde ou voyage du rabbin Péthachia de Ratisbonne dans le xiiᵉ siècle,
publiée par E. Carmoly. *Paris*, 1831. — Du Rabbinisme et des traditions juives, par
Michel Berr de Turique. *Paris*, 1832. — Ueber die Schriften des Eusebius von Alexan-
drien und des Eusebius von Emisa; von Dr. J. C. Thilo. *Halle*, 1832. — L'Archevêque
de Paris (M. de Quélen) accusé d'assassinat sur la personne de sœur Véronique, phar-
macienne de Saint-Cyr. *Paris*, 1830. — Leben des standhaften Prinzen. *Berlin*, 1827. —
Du Spiritualisme au xixᵉ siècle. *Ne se vend pas.* — Otium Theologicum, par F. F. Fleck.
Lipsiæ, 1831. — Claudii Taurinensis episcopi ineditorum operum specimina, exhibuit A.
Rudebach. *Havniæ*, 1824. — Discours de M. Cuvier sur le prix Montyon. *Paris*, 1829.
— S. Gregorii Nazianzeni, in Cæsarium fratrem oratio funebris, græce. *Parisiis*, 1836.
— Die Familienwesen, von R. Bosse. *Stuttgart*, 1835. — Hugonis de S. Victore me-
thodus mystica, par C. Weiss. *Strasbourg*, 1839. — Prolegomena zur Historiosophie
von A. von Cieszkowski. *Berlin*, 1838. — Disputatio critica de Ezræ libro apocrypho
vulgo quarto dicto... publico ac solemni examini submittit C. J. van der Vlies. *Amstelodami, Müller*, 1839. — Doctrina Pauli apostoli de VI Mortis Christi satisfactoria; scripsit
Tischendorf. *Lipsiæ*, 1837. — Chronologie de J. C. par le marquis de Fortia. *Paris*,
1830. — Allgemeines Evangelisches Gesangbuch von Dr. Geffcken. *Hamburg*. — Philosophie réclamée par les besoins de notre époque, par le baron Massias. *Paris*, 1842. —
Ueber die Quellen der Schriften des Lukas, von E. A. Schwanbeck. *Darmstadt*, 1847.
— Nombreux articles de divers journaux protestants; comptes rendus de la Société bibli-
que protestante; œuvre des Diaconesses, etc...
Le premier volume est fortement endommagé par l'humidité.

29. Mélanges sur la religion chrétienne. — Réunion de 3 vol. in-12, demi-rel.

Démonstration de la vérité évangélique par les philosophes païens... par Théodoret,
évêque de Cyre, traduit par M. A. Faivre. *Paris*, 1842. — Lettres sur la religion, par
A. Gratry. *Paris*, 1869. — Méditations sur la religion chrétienne, par M. Guizot.
Paris, 1868.

30. Benj. Constant. De la religion considérée dans sa source, ses formes et
ses développements. *Paris, Bossange*, 1824, 5 vol. in-8, demi-rel. v.
ébarbé.

Taches.

31. Nicolas. Études de critique religieuse. *Paris, Lévy*, 1860-66, 4 vol. in-8,
demi-rel. chag. La Vall. non rog.

Des doctrines religieuses des Juifs. — Etudes critiques sur la Bible, 2 vol. — Etudes
sur les évangiles apocryphes.

32. ENCYCLOPÉDIE DES SCIENCES RELIGIEUSES, publiée sous la direction de F.
Lichtenberger. *Paris, Sandoz et Fischbacher*, 1877-82, 13 vol. gr. in-8,
demi-rel. peau de truie, tête peigne, ébarbé.

33. Dialogue de M. Bernard Ochin, Senois, touchant le purgatoire. Réim-
primé sur l'édition originale (1559) avec notice et portrait. *Paris, Librairie générale*, 1878, in-16, portr. demi-rel. mar. bleu avec coins, tête dor.
ébarbé.

JURISPRUDENCE

34. Le Droit de la guerre et de la paix, par Grotius, traduction par M. P.
Pradier-Fodéré. *Paris, Guillaumin*, 1867, 3 vol. in-12, demi-rel. chag. r.

35. Corpus juris civilis cum notis D. Gothofredi, lectionibus variis et notis
selectis variorum, opera et studio Simonis van Leeuwen. *Amstelodami,
apud J. Blæu, L. et D. Elzevirios, Lugduni Batavorum, apud F. Hackium*,
1663, 4 parties en 2 vol. in-fol. à 2 col. front. demi rel. v. brun.

La plus belle édition de cet ouvrage, et une des plus belles productions des Elzevier.
(Willems, *les Elzevier*, nº 1299).

36. Corpus juris civilis ante Justiniani consilio professorum bonnensium E. Böckingii, A. Bethmann-Hollwegii et E. Pugæi institutum ; curaverunt iidem assumptis sociis L. Arndtsio, A.-F. Barkovio, etc. *Bonnæ, Marcus,* 1841, in-4 à 2 col. demi-rel. chag. r. avec coins.

37. Corpus legum ab imperatoribus romanis ante Justinianum latarum quæ extra constitutionum codices supersunt... Instruxit D.-G. Hœnel. *Lipsiæ, Hinrich,* 1857, in-4 à 2 col. demi-rel. mar. grenat, ébarbé.

38. Corpus juris canonici, a Petro Pithœo et Francisco fratre, ad veteres codices manuscriptos restitutum et notis illustratum. *Coloniæ Numatianæ, sumptibus fratrum de Tournes,* 1779, 2 tomes en 1 vol. in-fol. demi-rel. v. brun.

39. Extravagantes decretales que a di ‖ versis romanis pōtificibus post sextuz ‖ emanaverunt : incipiunt feliciter. *Venundant Parisiis in vico Ju ‖ daico sub signo duoz sagittarioz : aut ‖ in Palatio regio sub tertio pilari, s. d.* in-4 de 59 ff. car. goth. à 2 col. impression rouge et noire. — Extravagantes. xx Johannis xxii ‖ profundo cum apparatu acutissimi dñi ‖ zenzelini ⎮ hisce nūc primū caracterib' ‖ taliqz volumic īpressas ⎮ huic operi plu ‖ rimorū hortatib' annectādas duxim'. *Venūdant Parisi' i vico Judaico...* s. d. in-4 de 4 ff. prél. et 30 ff. car. goth. à 2 col. impression rouge et noire. — Ens. 2 ouvrages en 1 vol. demi-rel. bas.

SCIENCES ET ARTS

I. SCIENCES PHILOSOPHIQUES

40. J. Bruckeri Historia critica philosophiæ. *Lipsiæ,* 1767, 6 vol. in-4, portrait, demi-rel. chag. vert.

   Excellent ouvrage, recherché.

41. Histoire de la philosophie, par le Dr Henri Ritter, traduite par C.-J. Tissot. *Paris, Ladrange,* 1835-1861, 9 vol. in-8, demi-rel. v. violet.

   Philosophie ancienne, 4 vol.; chrétienne, 2 vol.; moderne, 3 vol.

42. Histoire de la philosophie. — Réunion de 7 ouvrages en 12 vol. in-8, demi-rel. et br.

   A. Fouillée. Histoire de la philosophie. *Paris,* 1875, br. — P. Janet. Histoire de la philosophie morale et politique dans l'antiquité et les temps modernes. *Paris,* 1860, 2 vol. — J. Matter. Essai historique sur l'école d'Alexandrie. *Paris,* 1820, 2 vol. — De Caraman. Histoire des révolutions de la philosophie en France pendant le Moyen Age. *Paris,* 1845, 3 vol. demi-rel. — Ph. Damiron. Essai sur l'histoire de la philosophie en France au xviie siècle. *Paris,* 1846, 2 vol. demi-rel. — Fr. Bouillier. Histoire et critique de la révolution cartésienne. *Lyon,* 1842, bas. — L. Ferri. Essai sur l'histoire de la philosophie en Italie au xixe siècle. *Paris,* 1869, br.

43. Histoire critique de l'école d'Alexandrie, par E. Vacherot. *Paris, Ladrange,* 1846-1851, 3 vol. in-8, demi-rel. chag. violet.

44. La Philosophie des Grecs considérée dans son développement historique, par E. Zeller, traduite de l'allemand par Em. Bontroux-Belot. *Paris, Hachette,* 1877-1882, 3 vol. in-8, br.

45. Études sur les philosophes grecs. — Réunion de 8 vol. in-8, demi-rel.
et br.

J. Simon. Études sur la théodicée de Platon et d'Aristote. *Paris,* 1840. — Th. Waddington. De l'autorité d'Aristote au Moyen Age. *Paris,* 1877. — E. Havet. Introduction au discours d'Isocrate sur l'Antidosis. *Paris,* 1863. — F. Riaux. Essai sur Parménide d'Élée. *Paris,* 1840; A. Garnier. Histoire de la morale. Socrate. *Paris,* 1855; C. Chappuis. Antisthène. *Paris,* 1854. Ens. 3 ouvrages en 1 vol. — J. Barthélemy Saint-Hilaire. De l'École d'Alexandrie. *Paris,* 1845. — G. Bréton. Essai sur la poésie philosophique en Grèce. Xénophane, Parménide, Empédocle. *Paris,* 1882. — Th. Kïessling. Iamblichi adhortatio ad philosophiam. *Lipsiæ,* 1843. — A. Daunas. Études sur le mysticisme. Plotin et sa doctrine. *Paris,* 1848. — C. Chappuis. Antisthènes. *Paris,* 1854.

46. Études sur les philosophes romains. — Réunion de 4 vol. in-8, demi-rel. et br.

C. Martha. Les moralistes sous l'Empire romain. *Paris,* 1881, br. — E. de Suckau. Étude sur Marc-Aurèle. *Paris,* 1857. — Noël des Vergers. Essai sur Marc-Aurèle. *Paris,* 1860. — E. Talbot. Œuvres complètes de l'empereur Julien. *Paris,* 1863, br.

47. Histoire de la philosophie moderne depuis la Renaissance jusqu'à Kant, par **J.-G.** Buhle, traduite par Jourdan. *Paris, Fournier,* 1816, 6 vol. in-8, demi-rel. bas. r. non rog.

48. Philosophes des xviie et xviiie siècles. — Réunion de 9 vol. in-8 et in-12, demi-rel. et br.

N. Bouillet. Œuvres philosophiques de Bacon. *Paris,* 1834, 3 vol. — J. Simon. Œuvres de Malebranche. *Paris,* 1842, 2 vol. — Blampignon, Étude sur Malebranche. *Paris,* 1862. — S. Turbiglio. Spinoza e le trasformazioni del suo pensiero. *Roma,* 1875, br. — C. Lenient. Étude sur Bayle. *Paris,* 1855. — F. Réthoré. Critique de la philosophie de Th. Brown. *Paris,* 1863.

49. La Philosophie en France au xixe siècle par Félix Ravaisson. *Paris, Impr. impériale,* 1868, gr. in-8, demi-rel. mar. grenat, tête dor. ébarbé.

50. Philosophie contemporaine. — Réunion de 12 vol. in-8, demi-rel. et br.

Œuvres inédites de Maine de Biran publiées par E. Naville. *Paris,* 1859, 3 vol. br. — Cours de philosophie par Ph. Damiron. *Paris,* 1834, 2 vol. — Cours élémentaire de philosophie, par J. Tissot. *Dijon,* 1840. — Notions de philosophie, par Ch. Jourdain. *Paris,* 1868. — Leçons de philosophie de M. l'abbé Flottes. *S. l.* 1858. — Cours de philosophie, par F. Réthoré. *Paris, s. d.* br. — Essai de philosophie analytique, par H. Delaperche. *Paris,* 1872, br. — Précis de philosophie par Ch. Bénard. *Paris,* 1876, br. — Questions de philosophie, par Ch. Bénard. *Paris,* 1872, br.

51. Philosophie et religion. — Réunion de 5 vol. in-8 et in-12, demi-rel.

Philosophie et religion, par Ad. Franck. *Paris,* 1867. — Essais sur la philosophie et la religion au xixe siècle, par E. Saisset. *Paris,* 1845. — Essai de philosophie religieuse par Em. Saisset. *Paris,* 1859. — La Religion, par E. Vacherot. *Paris,* 1869. — La Religion naturelle, par J. Simon. *Paris,* 1856.

52. Mélanges philosophiques. — Réunion de 8 vol. in-8 et in-12, demi-rel. et br.

A. Fouillée. Extraits des grands philosophes. *Paris,* 1877, br. — A. Chassang. Le Spiritualisme et l'idéal dans l'art et la poésie des Grecs. *Paris,* 1868. — E. Saisset. Le Septicisme. Œnesidème, Kant, Pascal. *Paris,* 1865. — Ladevi-Roche. Variétés philosophiques. *Bordeaux,* 1867. — Gratry. Etude sur la sophistique contemporaine. *Paris,* 1863. — Les Apologues de L. Valla et les Ditz moraux de G. Tardif. *Le Puy,* 1877, br. — G. Caumont. Jugements d'un mourant sur la vie. *Paris,* 1876. — De Latena. Etude de l'homme. *Paris,* 1856.

53. ŒUVRES DE PLATON, traduites par Victor Cousin. *Paris, Bossange,* 1822-1839, 13 vol. in-8, demi-rel. v. violet.

54. Études sur Platon. — Réunion de 5 vol. in-8, demi-rel. et br.

A. Fouillée. La Philosophie de Platon. *Paris,* 1869, 2 vol. br. — Lefranc. De la critique des idées platoniciennes par Aristote. *Paris,* 1843. — J. Dupuis. Le Nombre géométrique de Platon, interprétation nouvelle. *Paris,* 1881. — J. Dupuis. Le Nombre géométrique de Platon, seconde interprétation. *Paris,* 1882.

55. Hieroclis philosophi Alexandrini Commentarius in aurea carmina, de Providentia et Fato, quæ supersunt et reliqua fragmenta. Græce et latine. Græca castigavit, versionem recensuit, notas et indicem adjecit P. Needham. *Cantabrigiæ,* 1709, in-8, mar. r. fil. tr. dor.

56. Porphyrii philosophi de Abstinentia ab esu animalium, libri quatuor cum notis integris P. Victorii et J. Valentini... notas adjecit Jac. de Rhœr. — Porphyrius de Antro Nympharum, græce cum latina L. Holstenii versione. — *Trajecti ad Rhenum, apud A. v. Paddenburg*, 1767. — Ens. 2 ouvrages en 1 vol. in-4, vélin de Hollande, comp. dor.

> Bonne édition.

57. L. Annœi Senecæ Opera, ad libros manuscriptos et impressos recensuit, commentarios criticos subjecit, disputationes et indicem addidit C. R. Fickert. *Berolini, apud Weidmannos*, 1842-1845, 3 vol. in-8, br.

58. Œuvres de Sénèque le Philosophe; traduction de Lagrange, avec des notes de critique, d'histoire et de littérature. *Tours, Letourmi, an III* (1795), 7 vol. in-8, bas. verte.

> Traduction estimée. On y a joint : Essai sur la vie de Sénèque le Philosophe, sur ses écrits, et sur les règnes de Claude et de Néron, avec des notes. *Tours, Letourmi, an III*, in-8, portr. bas. verte.

59. Œuvres complètes de Sénèque le Philosophe. — Tertullien et saint Augustin. Œuvres choisies. *Paris, Firmin Didot*, 1877. — Ens. 2 vol. gr. in-8, br.

> De la *Collection des auteurs latins*, publiée par M. Nisard.

60. Les Ennéades de Plotin, traduites par M. N. Bouillet. *Paris, Hachette*, 1857, 3 vol. in-8, demi-rel. chag. bleu.

61. Renati Descartes principia philosophiæ. — Specimina philosophiæ seu dissertatio de methodo rectè regendæ rationis... — Passiones animæ. *Amstelodami, apud L. et D. Elzevirios*, 1656, 3 parties en 1 vol. in-4, demirel. bas. violette.

62. ŒUVRES DE DESCARTES, publiées par Victor Cousin. *Paris, Levrault*, 1824-1826, 11 vol. in-8, demi-rel. chag. violet.

> Le tome XI est fortement taché.

63. Thomæ Hobbes malmesburiensis Opera philosophica, quæ latine scripsit omnia. Ante quidem per partes, nunc autem, post cognitas omnium objectiones, conjunctim et accuratius edita. *Amstelodami, Blaeu*, 1668, 8 parties en 1 fort vol. in-4, portr. pl. vél. à recouvr.

> Collection recherchée et devenue rare.
> Exemplaire avec le portrait de Hobbes par Faithorne.

64. Petri Gassendi Opera omnia curante Nicolao Averanio. *Florentiæ*, 1727, 6 vol. in-fol. à 2 col. vél. non rog.

> Collection publiée par les soins de plusieurs savants et hommes de lettres distingués, tels que Chapelain, H. Bernier, et Sam. Sorbière.

65. Œuvres complètes de Thomas Reid, publiées par Th. Jouffroy, avec des fragments de M. Royer-Collard, et une introduction de l'éditeur. *Paris, Masson*, 1829-1836, 6 vol. in-8, br.

66. Leibnitz. Œuvres et Études. — Réunion de 5 vol. in-8, demi-rel.

> G. G. Leibnitii opera philosophica quæ exstant latina, gallica, germanica, omnia. *Berolini, Eichler*, 1845. — Œuvres philosophiques de Leibnitz, avec introduction et notes par P. Janet. *Paris, Ladrange*, 1866, 2 vol. — Leibnitz. La Philosophie juive et la cabale, par A. Foucher de Careil. *Paris, Durand*, 1861. — Etudes sur la théodicée de Leibnitz, par A. Bonifas. *Paris*, 1863.

67. Em. Kant. Œuvres diverses. Traduction de Tissot et J. Barni. *Paris, Ladrange*, 1835-1854, *Durand*, 1853-1855, 5 vol. in-8, demi-rel. chag. bleu.

> Critique de la raison pure. 2 vol. — Principes métaphysiques de la morale. — Eléments de la doctrine du droit. — Eléments de la doctrine de la vertu.

68. Max Muller. Œuvres philosophiques. *Paris*, 1867-1879, 6 vol. in-8, demirel. chag. et mar.

> La Science du langage. — Nouvelle Science du langage. 2 vol. — Histoire des religions. — Essais sur la mythologie comparée. — Origine et développement de la religion.

69. **Logique.** — Réunion de 7 vol. in-8, demi-rel.

J. Stuart Mill. Système de logique déductive et inductive, traduit par S. Peisse. *Paris*, 1866, 2 vol. — Damiron. Cours de philosophie. Logique. *Paris*, 1836. — J. Tissot. Essai de logique objective. *Paris*, 1868. — Mervoyer. Etude sur l'association des idées. *Paris*, 1861; Gratacap. Théorie de la mémoire. *Montpellier*, 1866. Ens. 2 ouvrages en 1 vol. — Lachelier. Du fondement de l'induction. *Paris*, 1871. — V. Brochard. De l'erreur. *Paris*, 1879.

70. **Métaphysique et théodicée.** — Réunion de 10 vol. in-4 et in-8, vélin, demi-rel. et br.

G. B. Bulfinger. Dilucidationes philosophicæ de Deo, anima humana, mundo et generalibus rerum affectionibus. *Tubingæ*, 1740, in-4, vélin. — La Métaphysique d'Aristote, traduite par A. Pierron et C. Zévort. *Paris*, 1840, 2 vol. — J. Alaux. L'Analyse métaphysique. *Paris*, 1872, br. — E. Caro. L'Idée de Dieu et ses nouveaux critiques. *Paris*-1864. — A. Delondre. Doctrine philosophique de Bossuet sur la connaissance de Dieu. *Paris*, 1855. — Ch. Lévêque. La Science du beau. *Paris*, 1861, 2 vol. — J. Tissot. L'Animisme ou la matière et l'esprit conciliés. *Paris*, 1865. — H. Philibert. Du principe de la vie suivant Aristote. *Paris*, 1865.

71. **Traité des facultés de l'âme**, par A. Garnier. *Paris, Hachette*, 1865, 3 vol. — Etude de l'homme, par N. V. de Latena. *Paris, Michel Lévy*, 1870, 2 vol. — Notes morales sur l'homme et sur la société. *Paris, Sandoz et Fischbacher*, 1872. — Ens. 6 vol. in-12, demi-rel. chag. brun. (*Rel. non unif.*)

72. **Hieronymi Rorarii**, quod animalia bruta sæpe ratione utantur melius homine libri duo. Quos recensuit, annotationibusque auxit G. H. Ribovius. *Helmstadii*, 1728, in-8, vélin.

Rare.

73. **Psychologie.** — Réunion de 8 vol. in-8, demi-rel. et br.

A. Chaignet. La Psychologie de Platon. *Paris*, 1862. — C. Waddington. La Psychologie d'Aristote. *Paris*, 1848. — Herbert Spencer. Principes de psychologie, traduits par Th. Ribot et A. Espinas. *Paris*, 1875, 2 vol. br. — P. Janet. Traité élémentaire de philosophie. 1er fasc. Psychologie. *Paris*, *s. d.* br. — Elie Rabier. Leçons de philosophie, I. Psychologie. *Paris*, 1884, br. — Em. Charles. Eléments de philosophie. Tome I. Psychologie. *Paris*, 1884, br. — H. Joly. Psychologie comparée. L'homme et l'animal. *Paris*, 1877, br.

74. **Nouvelle Collection des moralistes anciens** publiée sous la direction de M. Lefèvre. *Paris, Lecou*, 1850, 4 vol. in-12, demi-rel. chag. noir.

Morale de Moïse, David, Salomon, etc. — Morale de Jésus-Christ et des apôtres. — Les Lois religieuses, morales et civiles de Manou. — Morale de Zoroastre et morale du Chou-King.

75. **Moralistes français.** — Réunion de 7 vol. in-8, demi-rel. et br.

P. Charron. De la Sagesse. *Paris*, 1836. — La Rochefoucauld. Réflexions, sentences et maximes morales. *Paris*, 1853, cart. — Vauvenargues. Œuvres complètes. *Paris*, 1821, 3 vol. — J. Joubert. Pensées. *Paris*, 1862, 2 vol.

76. **Les Essais de Montaigne**, réimprimés avec notes, glossaire et index par MM. H. Motheau et D. Jouaust. *Paris, librairie des Bibliophiles*, 1873-1875, 4 vol. in-8, demi-rel. mar. bleu avec coins, tête dor. ébarbé.

77. **Maximes de La Rochefoucauld** précédées d'une préface par Alph. Pauly. *Paris, D. Morgand*, 1883, in-8, demi-rel. mar. r. tête dor. ébarbé.

78. **Œuvres de La Rochefoucauld.** *Paris, Hachette*, 1868-1883, 3 tomes en 4 vol. in-8 et album gr. in-8, demi-rel. mar. r. tête dor. non rog.

De la collection des *Grands Écrivains de la France.*

79. **Œuvres de La Bruyère**, nouvelle édition revue et augmentée par M. G. Servois. *Paris, Hachette*, 1865-78, 3 vol. in-8 et 1 album gr. in-8, demi-rel. mar. vert, tête dor. non rog.

De la collection des *Grands Écrivains de la France.*
La notice biographique sur La Bruyère a été reliée séparément; le tome 3e est en deux parties.

80. Morale. — Réunion de 5 vol. in-8, demi-rel.

> J. Tissot. Principes de la morale. *Paris*, 1866. — P. Janet. La Morale. *Paris*, 1874.
> — C. Vallier. De l'intention morale. *Paris*, 1883. — J. Simon. Le Devoir. *Paris*, 1854.
> — A. Desjardins. Les Devoirs, essai sur la morale de Cicéron. *Paris*, 1865.

81. Platon et Aristote. Politique. — Réunion de 4 vol. demi-rel. et br.

> Platonis politia, sive de Republica libri decem; recensuit G. Stallbaum. *Gothæ, Hen-*
> *nings*, 1858, 2 vol. — La République dans ses rapports avec la morale. Essai sur la ré-
> publique de Platon par A. Hatzfeld. *Paris*, 1850. — Politique d'Aristote traduite en fran-
> çais par J. Barthélemy Saint-Hilaire. *Paris*, 1875, br.

82. Les Six Livres de la République, de J. Bodin. *Paris, J. du Puys*, 1577,
in-fol. mar. vert, fil. à fr. dent. int. tr. dor. (*Duru*.)

83. Mélanges sur l'économie politique et sociale. — Réunion de 8 vol. in-8,
demi-rel. et br.

> J. Simon. Dieu, patrie, liberté. *Paris*, 1883, br. — J. de Bunsen. Dieu dans l'histoire.
> *Paris*, 1868. — De Latena. Etude de l'homme. *Paris*, 1859. — A. Laugel. Les Problèmes.
> *Paris*, 1873. — E. Beaussire. La Liberté dans l'ordre intellectuel et moral. *Paris*, 1866.
> — L'abbé A. Sénac. Christianisme et civilisation. *Paris*, 1865. 2 vol. — De Maistre.
> Essai sur le principe des constitutions politiques, et Considérations sur la France. *Paris*,
> 1814, bas.

84. Œuvres complètes de Ch. Fourier. *Paris, Librairie sociétaire*, 1846-1848,
4 vol. in-8, demi-rel. v. f.

II. SCIENCES NATURELLES. — BEAUX-ARTS

85. Histoire naturelle des animaux, par Pline. Traduction nouvelle, avec le
texte en regard par P.-C.-B. Gueroult. *Paris*, 1802, 3 vol. in-8, v. f. dos
orné, fil.

86. Œuvres complètes de Buffon, augmentées par M. F. Cuvier. *Paris, Pillot*,
1831-1832, 29 vol. — Œuvres du comte de Lacépède. *Paris, Pillot*, 1832-
1833, 13 vol. — Ens. 42 vol. in-8, fig. en couleur, demi-rel. v.

87. Flagellum dæmonum, exorcismos terribiles, potentissimos et efficaces…
ad malignos spiritus expellendos…complectens. Auctore R. P. F.-H. Mengo.
Lugduni, Landry, 1604, 2 parties en 1 vol. in-8, demi-rel. mar. brun, tête r.

> Déchirure au titre. Mouillures.

---

88. Grammaire des arts du dessin, par M. Ch. Blanc. *Paris, Renouard*, 1876,
gr. in-8, fig. demi-rel. mar. grenat, tête dor. ébarbé.

89. Iconographie chrétienne. Histoire de Dieu, par M. Didron. *Paris, Impr.
royale*, 1843, in-4, fig. br.

90. Histoire des Peintres de toutes les écoles, par M. Charles Blanc. *Paris,
Renouard*, 1865-75, 7 vol. gr. in-4, dont 5 en demi-rel. chag. r. tête dor.
ébarbé, et 2 demi-rel. chag. r. plats perc. r. tr. dor.

> École française, 3 vol. — Ecole hollandaise, 2 vol. — Ecole flamande. — Ecole alle
> mande.

91. Albert Dürer, sa vie et ses œuvres, par Moriz Thausing, traduit de l'allemand par Gustave Gruyer. *Paris, Firmin Didot*, 1878, gr. in-8, fig.
demi-rel. mar. bleu avec coins, tête dor. ébarbé.

92. Les Illustrations des écrits de Jérôme Savonarole publiés en Italie au
xve et au xvie siècle et les paroles de Savonarole sur l'art par Gustave

Gruyer. *Paris, Firmin Didot*, 1879, in-4, fig. demi-rel. mar. vert, tête dor. ébarbé.

Ouvrage accompagné de 33 figures exécutées d'après les bois originaux par A. Pilinski et fils.

93. Costumes anciens et modernes. Habiti antichi et moderni di tutto il mondo di Cesare Vecellio. *Paris, Firmin Didot frères*, 1859-1860, 2 vol. pet. in-8, fig. demi-rel. mar. brun, tête jasp. non rog. — Essai typographique et bibliographique sur l'histoire de la gravure sur bois par Ambr. Firmin Didot. *Paris*, 1863, in-8, demi-rel. chag. vert. — Ens. 3 vol.

94. A. RACINET. LE COSTUME HISTORIQUE. Cinq cents planches, trois cents en couleurs, or et argent, deux cents en camaïeu, avec des notices explicatives et une étude historique. *Paris, Firmin Didot*, 1876, 20 livraisons in-4, fig. cart.

95. Histoire et théorie de l'architecture, par J.-B. Lesueur. *Paris, Firmin Didot*, 1879, gr. in-8, fig. br.

BELLES-LETTRES

I. LINGUISTIQUE. — RHÉTORIQUE

96. THESAURUS GRÆCÆ LINGUÆ ab Henrico Stephano. *Parisiis, Firmin Didot*, 1831, 9 vol. pet. in-fol. à 2 col. cart.

Ouvrage entièrement revu, enrichi d'additions considérables et disposé selon l'ordre alphabétique par MM. C.-B. Hase, Guillaume et Louis Dindorf, conformément au plan approuvé par l'Académie des Inscriptions et Belles-Lettres.

97. Grand Dictionnaire de la langue latine, sur un nouveau plan, par le Dr G. Freund, traduit en français par N. Theil. *Paris, Firmin Didot*, 1855-65, 3 vol. in-4 à 3 col. demi-rel. chag. vert.

98. Histoire de la langue française, par E. Littré. *Paris, Didier*, 1878, 2 vol. in-8, br.

99. Ambr. Firmin Didot : Observations sur l'orthographe française. — Études sur Jean Cousin. *Paris, Firmin Didot*, 1868-1872, 2 vol. in-8, le premier en demi-rel. chag. brun, le second broché.

100. DICTIONNAIRE HISTORIQUE DE L'ANCIEN LANGAGE FRANÇAIS ou Glossaire de la langue française depuis son origine jusqu'au siècle de Louis XIV, par La Curne de Sainte-Palaye, publié par les soins de L. Favre. *Niort et Paris*, 1875-1881, 10 vol. in-4, demi-rel. peau de truie, tête jasp. ébarbé.

101. DICTIONNAIRE DE LA LANGUE FRANÇAISE, par E. Littré (et supplément). *Paris, Hachette*, 1863-1877, 5 vol. in-4, à 3 col. demi-rel. chag. noir, tr. jasp.

---

102. Themistii Orationes XXXIII, e quibus tredecim nunc primum in lucem editæ. D. Petavius latine plerasque reddidit, ac fere vicenas notis illustravit... *Parisiis, e Typographia regia*, 1684, in-fol. v. f. ant. non rog.

103. Libanii sophistæ Epistolæ, quas nunc primum partem ex variis codicibus, manu exaratis, edidit, latine convertit et notis illustravit Joannes Christophorus Wolfius. Accedunt in calce ejusdem Libanii epistolæ a Francisco Zambicario olim latine conversæ... *Amstelædami, apud Janssonio Waesbergios*, 1738, in-fol. à 2 col. vél. de Hollande, comp. dor.

104. M. Fabii Quinctiliani de Institutione oratoria libri duodecim, cum notis et animadversionibus virorum doctorum summa cura recogniti et emendati per Petrum Burmannum. *Lugduni Batavorum, Joan. de Vivie*, 1720, in-4, front. vél. de Hollande, comp. dor.

Bonne édition.

105. Panegyrici veteres. Interpretatione et notis illustravit Jac. de La Baune. Editio altera italica cui accedunt observationes criticæ Chr. Schwarzii. *Venetiis, Javarina*, 1728, in-4, front. demi-rel. v. gris.

106. Cours d'éloquence sacrée fait à la Sorbonne pendant les années 1857-1867, par M. l'abbé Freppel. *Paris, Bray*, 1859-1868, 10 vol. in-8, demi-rel. chag (*Rel. non unif.*)

II. POÉSIE

107. Q. Horatius Flaccus, ex fide atque auctoritate decem librorum manuscriptorum opera Dionisii Lambini emendatus, ab eodemque commentariis copiosiss. illustratus. His adjecimus Io. Michaelis Bruti in quatuor libros carminum, atque in librum epodon explicationes. *Venetiis, apud Paulum Manutium, Aldi f.* 1566, 2 parties en 1 vol. in-4, demi-rel. v. f.

La meilleure édition aldine avec les excellents commentaires de Lambin.
Titre remonté.

108. Quintus Horatius Flaccus, cum scholiis J. Bond, ex recensione N. L. Achaintre, sumptibus N. Druyer du Pointé. *Parisiis apud Méquignon Juniorem*, 1806, in-8, front. gr. cuir de Russie quadr. fil. (*Courteval.*)

109. Catulli, Tibulli, Propertii, nova editio. Josephus Scaliger... recensuit. Ejusdem in eosdem castigationum liber. *Lutetiæ, apud Mamertum Patissonium*, 1577, in-8, vélin.

Mouillures.

110. Œuvres de C. Sollius Apollinaris Sidonius, traduites en français avec le texte en regard et des notes par J.-F. Grégoire et F.-Z. Collombet. *Lyon et Paris*, 1836, 3 vol. in-8, demi-rel. chag. violet.

111. Œuvres de Sidoine Apollinaire. Texte latin. Publiées pour la première fois dans l'ordre chronologique... précédées d'une étude sur Sidoine Apollinaire... par M. Eugène Baret. *Paris, Thorin*, 1879, gr. in-8, demi-rel. chag. r.

112. A. Persii Flacci Satyræ sex. *Parisiis, R. Estienne*, 1541. — Commentaria Ælii Antonii Nebrissensis. *Parisiis, R. Estienne*, 1527. — Ens. 2 parties en 1 vol. in-8, vél.

Notes manuscrites. Taches.

113. Aurelii Prudentii Clementis Opera. Interpretatione et notis illustravit Steph. Chamillard... *Parisiis, Cl. Thiboust*, 1687, in-4, mar. r. fil. à fr. dent. int. tr. dor. (*Lortic.*)

Un des plus rares volumes de la collection *ad usum Delphini*.

---

114. Œuvres de François Villon, publiées avec préface, notice, notes et glossaire par Paul Lacroix. *Paris, librairie des Bibliophiles*, 1877, in-8, demi-rel. chag. vert, tête dor. ébarbé.

Exemplaire en PAPIER WHATMAN.

115. Œuvres françoises de Joachim Du Bellay, gentilhomme angevin, avec une notice biographique et des notes par Ch. Marty-Laveaux. *Paris, Lemerre*, 1866-67, 2 vol. pet. in-8, mar. r. dos orné, fil. comp. dor. dent. int. tête dor. ébarbé.

116. Le Premier (et second) Livre des Amours de P. Ronsard, commenté par Remy Belleau. *Paris, Buon,* 1567, 2 tomes en 1 vol. in-4, car. ital. mar. bleu, dos orné, fil et comp. tr. dor. (*Du Seuil.*)

Le titre du tome I manque ainsi que les derniers feuillets de table. Taches. Remboîtage.

117. Œuvres inédites de P. de Ronsard, gentilhomme vandomois, recueillies et publiées par Pr. Blanchemain. *Paris, Aubry,* 1855, in-12, portr. demi-rel. mar. r. tête dor. non rog.

118. Œuvres de Malherbe, recueillies et annotées par M. L. Lalanne. Nouvelle édition. *Paris, Hachette,* 1862-69, 5 vol. in-8, et album gr. in-8, demi-rel. mar. r. avec coins, tête dor. ébarbé. (*Krafft.*)

De la collection des *Grands Ecrivains de la France.*

119. Les Œuvres du sieur Théophile (Viau), divisées en trois parties... revues et corrigées en ceste dernière édition. De plus est augmentée la lettre contre Balzac. *Rouen, Ant. Ferrand,* 1649, 3 parties en 1 vol. in-8, demi-rel. mar. brun, tr. peigne.

120. Le Livre des cent ballades, publié avec introduction, notes historiques et glossaire par le marquis de Queux de Saint-Hilaire. *Paris, Maillet,* 1868, in-8, demi-rel. mar. bleu avec coins, tête dor. non rog.

121. Œuvres poétiques de André de Chénier, avec une notice et des notes par M. Gabriel de Chénier. *Paris, Lemerre,* 1874, 3 vol. in-12, portr. demi-rel. mar. r. avec coins, tête dor. ébarbé. (*David.*)

122. Il Parnasso italiano ovvero i Quattro poeti celeberrimi italiani (Dante, Petrarca, Ariosto, Tasso). — Teatro classico italiano antico e moderno, ovvero il Parnasso teatrale. — *Lipsiæ, Fleischer,* 1826-29. — Ens. 2 vol. gr. in-8 à 2 col. front. demi-rel. v. f.

123. La Divina Commedia di Dante Alighieri col comento di G. Biagioli. *Napoli, Rondinella,* 1862, 3 vol. in-12, portr. demi-rel. mar. r. avec coins, tête marb. ébarbé.

124. Orlando Furioso di Lodovico Ariosto. *In Parigi, Fantin,* 1803, 4 vol. in-4, portr. et fig. demi-rel. mar. r. avec coins, tête dor. non rog.

125. Arioste. Roland furieux. Traduction nouvelle par Francisque Reynard. *Paris, Lemerre,* 1880, 4 vol. in-16, portr. demi-rel. mar. bleu, tête dor. non rog.

126. Poésies et Œuvres morales de Leopardi. Première traduction complète, précédée d'un essai sur Leopardi par F.-A. Aulard. *Paris, Lemerre,* 1880, 3 vol. in-16, demi-rel. mar. brun avec coins, tête marb. ébarbé.

127. Œuvres de lord Byron, traduction de M. Amédée Pichot. *Paris, Furne,* 1836, 6 vol. in-8, fig. demi-rel. chag. La Vall.

128. Poésies de Schiller. Traduction nouvelle par Ad. Régnier. *Paris, Hachette,* 1859-1862, 8 vol. in-8, portr. demi-rel. mar. La Vall. avec coins, tête dor. non rog. (*David.*)

Edition tirée à 100 exemplaires numérotés (n° 83).

III. THÉATRE

129. Répertoire du Théâtre-Français. *Paris, Bazouge-Pigoreau*, 1834, 9 vol. in-16, demi-rel. mar. bleu à long grain, dos orné, non rog.

Corneille, 2 vol. — Molière, 4 vol. — J. Racine, 2 parties en 1 vol. — Voltaire 2 vol.

130. Les Œuvres et meslanges poétiques d'Estienne Iodelle, sieur du Lymodin, avec une notice biographique et des notes par Ch. Marty-Laveaux. *Paris, Lemerre*, 1868, 2 vol. in-8, demi-rel. mar. r. avec coins, dos orné, fil. tête dor. ébarbé. (*Smeers.*)

131. Œuvres de P. Corneille avec les notes de tous les commentateurs. *Paris, Firmin Didot*, 1854-1855, 12 vol. in-8, demi-rel. mar. r. avec coins, tête dor. non rog.

132. Œuvres de Molière. Nouvelle édition revue et augmentée de variantes, notes, etc. par MM. Eug. Despois et P. Mesnard. *Paris, Hachette*, 1873-1886, 9 vol. in-8, br.

De la collection des *Grands Ecrivains de la France*.

133. Œuvres de J. Racine. Nouvelle édition revue et augmentée par M. Paul Mesnard. *Paris, Hachette*, 1865-1873, 8 vol. et 2 albums in-8, demi-rel. mar. vert avec coins, tête dor. non rog.

De la collection des *Grands Ecrivains de la France*.

134. Théâtre de J. Fr. Regnard, publié avec une notice et des notes par G. d'Heylli. *Paris, librairie des Bibliophiles*, 1876, 2 vol. in-12, demi-rel. mar. olive avec coins, tête dor. ébarbé.

135. Théâtre de Marivaux, Sedaine, Lesage et Dufresny. Publié avec notices et notes par G. d'Heylli. *Paris, Librairie générale*, 1876-1882, 3 vol. in-16, portr. demi-rel. mar. tête dor. non rog.

La reliure n'est pas uniforme.

136. Œuvres complètes de Shakspeare, traduction de M. Guizot. *Paris, Didier*, 1868, 8 vol. in-8, demi-rel. v. f. tr. peigne.

IV. ROMANS. — CRITIQUES. — ÉPISTOLAIRES

137. L'Ane d'or d'Apulée, précédé du Démon de Socrate. Nouvelle traduction, avec le latin en regard, par J.-A. Maury. *Paris, Bastien*, 1822, 2 vol. in-8, fig. au trait, demi-rel. bas.

138. Apulée. L'Ane d'or ou la Métamorphose. Traduction de Savalète, préface de J. Andrieux, avec nombreuses gravures dessinées par A. Racinet et P. Bénard. *Paris, Firmin Didot*, 1872, in-8, fig. br.

139. Œuvres de Rabelais, avec des remarques historiques et critiques de Le Duchat et Le Motteux, publiées par P. Farre. *Niort et Paris*, 1875-1880, 5 vol. in-8, demi-rel. mar. grenat avec coins, tête dor. ébarbé.

140. L'Heptaméron des nouvelles de Marguerite d'Angoulême, reine de Navarre, publié par MM. Le Roux de Lincy et Anat. de Montaiglon. *Paris, Eudes*, 1880, 4 vol. in-8, fig. br.

141. Mémoires du comte de Grammont par Ant. Hamilton. Avec notice, variantes et index par Henri Motheau. *Paris, Lemerre*, 1876, in-16, demi-rel. mar. r. avec coins, tête dor. non rog.

142. Lettres d'une Péruvienne par Mme de Grafigny. Nouvelle édition augmentée d'une suite qui n'a point encore été imprimée. *Paris, Didot,* 1797, 2 vol. in-24, portr. et fig. de Lefèvre, v. rac.

---

143. Bonaventure des Periers. Le Cymbalum mundi. Texte de l'édition princeps de 1537 avec notice, commentaire et index, par F. Frank. *Paris. Lemerre,* 1873, in-16, demi-rel. mar. r. dos orné, fil. tête dor. ébarbé.

144. Auli Gellii Noctium atticarum libri XIX. Nam octavus præter capita desideratur pluribus locis quam antehac integriores; cum Ascensianis scholiis, collectis fere ex annotatis sane doctorum hominum Ægidii Maserii et Petri Mosellani. *In officina Michaelis Vascosani,* 1536, in-fol. titre entouré d'un encadr. gr. sur bois, bas. brune, fil. et comp. dor. chiffre couronné sur les plats, tr. dor. (*Rel. anc. fatiguée.*)

    Mouillures.

145. Études sur les tragiques grecs, par M. Patin. *Paris, Hachette,* 1858, 4 vol. in-12, demi-rel. v. gris.

    Eschyle. — Sophocle. — Euripide, 2 vol.

146. Rapport sur le progrès des lettres en France, par MM. Sylvestre de Sacy, Paul Féval, Th. Gautier et Ed. Thierry. *Paris, Impr. imp.* 1868, gr. in-8, demi-rel. mar. grenat, tête dor. ébarbé.

147. Causeries du Lundi, par C. A. Sainte-Beuve. *Paris, Garnier frères,* 1857-1862, 15 vol. in-12, demi-rel. v. bleu, les deux derniers volumes brochés.

148. Œuvres de C.-A. Sainte-Beuve. Tableau de la poésie francaise au XVIe siècle. Edition définitive précédée de la vie de Sainte-Beuve par Jules Troubat. *Paris, Lemerre,* 1876, 2 vol. in-12, demi-rel. mar. bleu, tête peigne, ébarbé.

149. J.-B. Boissonade. Critique littéraire sous le premier Empire, précédée d'une notice historique sur M. Boissonade par M. Naudet. *Paris, Didier,* 1863, 2 vol. in-8, demi-rel. chag. violet.

---

150. Epistolæ Adamantii Coræ... Edidit Nicolaus Damala. *Athenis, Perré,* 1885-86, 3 tomes en 4 vol. in-8, br.

    Edition grecque.

151. C. Plinii Secundi... Epistolarum libri X... Panegyricus Trajano dictus... De viris illustrib. rei militaris. Accesserunt Suetonii liber de Grammaticis, Julii Obsequentis Prodigiorum liber... etc. *Antverpiæ, apud Dumæum,* 1542, in-8, car. ital. demi-rel. mar. vert, tr. marb.

    Le titre est taché.

152. Lettres choisies du sieur de Balzac. *Suivant la copie imprimée à Paris,* 1648, pet. in-12, titre gr. v. f. dos orné, fil. tr. dor.

    Premier livre de Balzac donné par les Elzevier. C'est une réimpression textuelle de l'édition originale.
    Hauteur: 133 mill. Fortes taches.

153. Lettres de Mme de Sévigné recueillies et annotées par M. Monmerqué. *Paris, Hachette,* 1862-1866, 14 vol. et album in-4. — Lettres inédites publiées par Ch. Capmas. *Paris, Hachette,* 1876, 2 vol. — Ens. 16 vol. in-8 et album in-4, demi-rel. mar. r. tête dor. ébarbé.

    De la collection des *Grands Écrivains de la France.*

V. POLYGRAPHES

154. OEuvres complètes de M. T. Cicéron publiées en français avec le texte en regard par J. V. Leclerc. *Paris, Werdet et Lequien*, 1827, 35 vol. in-12, demi-rel. chag. r. tr. peigne.

155. JOANNIS PICI MIRANDULÆ OMNIA OPERA... *Parisiis, Jehan Petit*, 1517, in-fol. mar. La Vall. comp. à entrelacs, dent. int. tr. dor.

156. Justi Lipsi Opera omnia postremum ab ipso aucta et recensita nunc primum copioso rerum indice illustrata. *Vesaliæ, apud Andream ab Hoogenhuysen*, 1675, 4 vol. in-8, titre gr. vél.

157. OEuvres complètes de Bossuet, évêque de Meaux. *Paris, Méquignon Junior et Leroux*, 1845-46, 12 vol. in-8 à 2 col. demi-rel. chag. vert.

158. OEuvres de La Fontaine. *Paris, Lequien*, 1824, 5 vol. in-8, demi-rel. v.

159. OEuvres de J. de La Fontaine. Nouvelle édition... par H. Régnier. *Paris, Hachette*, 1883-85, 3 vol. in-8, br.

De la collection des *Grands Écrivains de la France*.

160. OEuvres mêlées de Saint-Evremond, revues et annotées par Ch. Giraud. *Paris, Techener*, 1865, 3 vol. pet. in-8, demi-rel. mar. brun avec coins, dos orné, fil. tête dor. ébarbé.

161. OEuvres complètes de Montesquieu (publiées par l'abbé de La Roche) avec des notes d'Helvetius sur l'Esprit des lois. *A Paris, chez P. Didot l'ainé*, 1795, 12 vol. in-18, mar. r. à long grain, dent. tr. dor. (*Rel. de l'époque.*)

Exemplaire en PAPIER VÉLIN.

162. OEUVRES COMPLÈTES DE VOLTAIRE (avec des avertissements et des notes par Condorcet). *De l'impr. de la Société typographique (Kehl)*, 1784-1789, 70 vol. in-8, fig. de Moreau, demi-rel. mar. bleu avec coins, tête dor. ébarbé.

163. OEUVRES COMPLÈTES DE DIDEROT, avec notices, notes, table, par J. Assézat et M. Tourneux. *Paris, Garnier frères*, 1875-1877, 20 vol. in-8, portr. demi-rel. mar. vert avec coins, tête dor. ébarbé.

164. OEuvres choisies de Diderot, précédées de sa vie par M.-F. Génin. *Paris, Firmin Didot*, 1862, 2 vol. in-12, demi-rel. v. f.

165. OEuvres complètes de J.-J. Rousseau, avec des éclaircissements et des notes historiques, par P. R. Auguis. *Paris, Dalibon*, 1825, 27 vol. in-8, demi-rel. v. vert.

166. OEuvres complètes de Fréret. *Paris, Daudré*, 1796, 20 vol. in-16, v. gris, fil. tr. marb.

Histoire, 6 vol. — Chronologie de Newton, 4 vol. — Chronologie des Chinois, 4 vol. — Géographie, 2 vol. — Sciences et Arts. — Mythologie. — Philosophie, 2 vol.

167. OEuvres complètes de P.-L. Courier. Nouvelle édition augmentée d'un grand nombre de morceaux inédits... par Armand Carrel. *Paris, Paulin*, 1834, 4 vol. in-8, demi-rel. bas.

168. OEuvres posthumes de F. Lamennais, publiées par E.-D. Forgues. — La Divine Comédie. *Paris, Paulin*, 1855, 3 vol. in-8, portr. demi-rel. chag. vert, ébarbé.

169. OEuvres diverses de Victor Cousin. *Paris*, 1846-1853, 16 vol. in-12, demi-rel. chag. noir.

Cours de philosophie, 8 vol. — Fragments philosophiques, 4 vol. — Littérature, 3 vol. — Du Vrai, du Beau et du Bien.

170. Villemain. Œuvres. *Paris, Didier,* 1854-1857, 12 vol. in-12, demi-rel. chag. vert.

L'Éloquence chrétienne au ive siècle. — Cours de littérature, 6 vol. — Souvenirs contemporains, 2 vol. — Études d'histoire moderne. — Études de littérature. — Discours et mélanges.

171. Œuvres complètes d'Alfred de Musset. *Paris, Charpentier,* 1866. 10 vol. in-8, fig. de Bida, demi-rel. chag. r. tr. peigne.

172. Mignet. Œuvres diverses. *Paris, Didot,* 1854-1857, 9 vol. in-12, demi-rel. v. gris.

Histoire de Marie Stuart, 2 vol. — Notices et Portraits, 2 vol. — Mémoires historiques. — Antonio Perez et Philippe II. — Révolution française, 2 vol. — Charles-Quint.

173. Œuvres de Victor Hugo. *Paris, Lemerre,* 1875-1876, 14 vol. in-12, demi-rel. mar. r. avec coins, dos orné, fil. tête dor. ébarbé.

Poésies, 10 vol. — Théâtre, 4 vol.

174. Ouvrages de M. B. Aubé :

1. De Constantino imperatore pontifice maximo dissertationem... *Lutetiæ, Didot,* 1861, in-8 de 108 pp. br.
7 *exemplaires.*
2. Saint Justin, philosophe et martyr. *Orléans,* 1861, in-8, br.
3. Mémoire sur les restes d'un édifice antique à Palerme, sur l'instruction publique en Sicile et particulièrement sur l'histoire de l'Université de Palerme. *Paris, Imp. nat.* 1872, in-8 de 15 et 37 pp. planches, br.
7 *exemplaires.*
4. Mémoire sur un épisode de l'histoire des persécutions de l'Église. Le martyre de sainte Félicité. *Paris,* 1875, in-8 de 29 pp. br.
3 *exemplaires.*
5. Histoire des persécutions de l'Église. *Paris, Didier,* 1875-1878, 2 vol. pap. de Holl. br.
Ire série : Jusqu'à la fin des Antonins.
IIe série : La polémique païenne à la fin du iie siècle. 2 exemplaires.
6. Le Discours véritable de Celse, tiré des fragments cités dans le Κατα Κελσου d'Origène. Essai de restitution et de traduction. *Paris, Didier,* 1878, in-8 de 117 pp. pap. de Holl. br.
— Le même ouvrage, papier ordinaire (3 *exemplaires*).
7. Le Christianisme de Marcia, la favorite de l'empereur Commode. *Paris, Didier,* 1879, in-8 de 24 pp. br.
Extrait de la *Revue archéologique.*
8 *exemplaires.*
8. Les Chrétiens dans l'Empire romain, de la fin des Antonins au milieu du iiie siècle (180-249). *Paris, Didier,* 1881, in-8, br.
9. Études sur un nouveau texte des actes des martyrs scillitains. *Paris,* 1881, in-8, br.
10. Polyeucte dans l'histoire. Étude sur le martyre de Polyeucte d'après des documents inédits. *Paris, Didot,* 1882, in-8 de 116 pp. pap. de Holl. br.
11. Essai d'interprétation du Carmen Apologeticum de Commodien. *Paris, Baer,* 1883, in-8 de 20 pp. br.
8 *exemplaires.*
12. Descartes. Discours de la Méthode et Choix de lettres françaises, avec introduction, par B. Aubé. *Paris, Didot,* 1884, in-12, br.
8 *exemplaires.*
13. L'Église et l'État dans la seconde moitié du iiie siècle (249-284). *Paris, Didier,* 1885, in-8, pap. de Holl. br.
7 *exemplaires* dont 2 en papier ordinaire.
14. L'Église et l'État dans la seconde moitié du iiie siècle (249-284). Deuxième édition. *Paris, Em. Perrin,* 1886, in-12, br.
4 *exemplaires.*
15. Saint-Paul. Extrait de la Nouvelle Biographie générale, publiée par MM. Didot. 12 pp. in-8 à 2 col. br.
16. Socrate. Extrait de la Nouvelle Biographie générale, publiée par MM. Didot. 13 pp. in-8 à 2 col. br.
3 *exemplaires.*

175. Ernest Renan. Œuvres diverses. *Paris, Lévy,* 1859-1868, 6 vol. rel. et br.

Le Livre de Job. — Le Cantique des Cantiques. — Averroès et l'Averroïsme. — Études d'histoire religieuse. — Histoire générale et système comparé des langues sémitiques. — Questions contemporaines.

176. Ernest Renan. Mélanges. *Paris, Calmann Lévy,* 1878-1880, 6 vol. in-8, demi-rel. et br.

Souvenirs d'enfance et de jeunesse. — Mélanges d'histoire et de voyages. — L'Eau de Jouvence, drame philosophique. — Le Prêtre de Némi. — L'Abbesse de Jouarre. — Caliban.

177. Tutte le opere di Nicolo Machiavelli. divise in V parti, et di nuovo con somma accuratezza ristampate. *S. l.* 1550, in-4, chag. La Vall. fil. tr. dor.

Bonne édition, recherchée.

178. Œuvres de Gœthe, traduction nouvelle par J. Porchat. *Paris, Hachette,* 1861-1863, 10 vol. in-8, demi-rel. v. f. tr. peigne.

179. Auteurs grecs et latins de la Collection dite *cum notis variorum,* 53 vol. in-8, vélin.

C.-J. Cæsaris quæ exstant, ab A. Montano. *Amstelodami,* 1665. — M. T. Ciceronis, De Officiis, a J. Grævio. *Amstelodami,* 1688. — M. T. Ciceronis Epistolæ ad Quintum et ad Brutum. *Hagæ Comitis,* 1725. — M. T. Ciceronis de Divinatione et de Fato. *Cantabrigiæ,* 1730. — M. T. Ciceronis, De Finibus bonorum et malorum. *Cantabrigiæ,* 1741. — Cl. Claudiani quæ exstant. *Amstelodami,* 1665. — Epicteti Enchiridium, a Berkelio. *Lugduni Batavorum,* 1670. — Eutropius, a H. Verheyk. *Lugduni Batavorum,* 1762. — L. A. Florus, a Grævio. *Amstelodami,* 1692. — S.-J. Frontini Strategematicon, a Fr. Oudendorpio. *Lugduni Batavorum,* 1731. — Hesiodus, gr. et lat. a Grævio. *Amstelodami,* 1701. — Historiæ augustæ scriptores. *Lugduni Batavorum,* 1671, 2 vol. — Juvenalis et Persii satyræ. *Lugduni Batavorum,* 1664. — L.-C.-F. Lactantii, de Mortibus persecutorum. *Ultrajecti,* 1693. — De Origine et progressu juris civilis romani authores et fragmenta, a Leevio. *Lugduni Batavorum,* 1672. — T. Livius, a Gronovio. *Amstelodami,* 1665, 3 vol. — M. A. Lucanus, a Schrevelio. *Amstelodami,* 1669. — M. V. Martialis, epigrammata, a Schrevelio. *Lugduni Batavorum,* 1670. — Maximii Tyrii dissertationes, gr. et lat. a Davisio. *Cantabrigiæ,* 1703. — Menandri et Philemonis reliquiæ, a Clerico. *Amstelodami,* 1709. — Minucii Felicis Octavius, a Gronovio. *Lugduni Batavorum,* 1709. — Opuscula mythologica. *Amstelodami,* 1688. — P. Ovidii Nasonis Opera, a Cnippingio. *Amstelodami,* 1683, 3 vol. — Petronii Satyricon, a M. Hadrianide. *Amstelodami,* 1669. — Phædri Fabulæ, a Burmanno. *Lugduni Batavorum,* 1745. — Plauti Comœdiæ, a Gronovio. 1684. — Plinii Historia naturalis, a Gronovio. *Lugduni Batavorum,* 1669, 3 vol. — Plinii secundi Panegyricus. *Lugduni Batavorum,* 1675. — Plinii secundi. Epistolæ, a Veenhusio. *Lugduni Batavorum,* 1669. — Polybii Historiæ, gr. et lat. a Gronovio. *Amstelodami,* 1670, 3 vol. — C. Salustii Opera, a Thysio. *Lugduni Batavorum,* 1659. — M. et L. A. Senecæ Opera. *Amstelodami,* 1672, 3 vol. — L. A. Senecæ tragœdiæ, a Gronovio. *Lugduni Batavorum,* 1661. — Sulpicus Severus, ab Hornio. *Amstelodami,* 1665. — P.-P. Statius, a Veenhusen. *Lugduni Batavorum,* 1671. — Suetonius, a Schildio. *Lugduni Batavorum,* 1662. — C.-C. Taciti Opera, a Gronovio. *Amstelodami,* 1672, 2 vol. — Tertulliani Apologeticus, a Havercampo. *Lugduni Batavorum,* 1718. — Valerius Maximus, a Thysio. *Lugduni Batavorum,* 1670. — Aur. Victoris historiæ romanæ Breviarium, a Pitisco. *Ultrajecti,* 1696. — Zosimi Historiæ, gr. et lat. *Oxonii,* 1679.

180. Scriptorum græcorum bibliotheca. *Paris, Firmin Didot,* 1838-1883, 29 vol. gr. in-8 à 2 col. demi-rel. non unif. et br.

Appien. — Aristophane, Ménandre et Philémon. — Aristote, 6 tomes en 5 vol. — Démosthènes. — Denys d'Halicarnasse. Œuvres historiques. — Eschyle et Sophocle. — Euripide. — Fragments d'Euripide et Drames chrétiens. — Hérodote, Ctésias. — Fragments des historiens grecs (*Tomes IV, V*), 2 vol. — Homère. — Lucien. — Fragments des philosophes grecs. 3 vol. — Philostrate, Eunape, Himerius. — Platon, Œuvres et Index. 3 vol. — Plotin, Porphyre, Proclus, Priscien. — Plutarque. Œuvres morales. 2 vol. — Ptolémée. *Tome I,* 1re partie. — Théophraste, Marc-Aurèle, etc.

181. Mélanges d'histoire et de critique. *Paris,* 1776-1858, 6 pièces en 1 vol. in-4, pl. demi-rel. chag. La Vall.

E. Renan. Mémoire sur l'origine et le caractère de l'histoire phénicienne qui porte le nom de Sanchoniathon. — E. Desjardins. De Tabulis alimentariis disputatio. — R. Alberthoma. De Vexationibus quas christiani sub quibusdam imperatoribus perpessi fuërunt, ex Leg. Julia Majestatis maxime derivandis. — W.-A. Van Heugel. Disputatio de Bonorum communione ab antiquissimis Christi sectatoribus instituta. — Gai Grani Liciniani Annalium quæ supersunt nunc primum edidit K.-A.-F. Pertz. — C.-G. Baumgarten-Crusius. De Scriptoribus sæculi post Chr. II qui novam religionem impugnarunt.

HISTOIRE

I. VOYAGES. — CHRONOLOGIE. — HISTOIRE DES RELIGIONS

182. Rome, descriptions et souvenirs par Francis Wey. Ouvrage contenant 352 gravures sur bois, nouvelle édition, revue, corrigée, augmentée. *Paris, Hachette*, 1873, in-4, fig. et carte, demi-rel. chag. r. avec coins, tête dor. ébarbé.

183. GEORGE EBERS. L'ÉGYPTE. Traduction de Gaston Maspéro. *Paris, Didot*, 1880-1881, 2 vol. in-fol. fig. br.

184. Correspondance de V. Jacquemont avec sa famille et plusieurs de ses amis pendant son voyage dans l'Inde (1828-1832). *Paris, Garnier*, 1846, 2 vol. in-12, carte, demi-rel. bas. bleue.

185. Exploration scientifique de la Tunisie. Géographie comparée de la province romaine d'Afrique, par Ch. Tissot. *Paris, Imprimerie nationale*, 1884, in-4, cartes, br.

> Tome 1 : Géographie physique, historique, chorographie.

186. L'Art de vérifier les dates des faits historiques, des chartes, des chroniques... par le moyen d'une table chronologique... avec un calendrier perpétuel, l'histoire abrégée des conciles, des papes... par des religieux bénédictins de la congrégation de Saint-Maur. *Paris, Desprez-Cavelier*, 1750, 2 parties en 1 vol. in-4, v. ant. jaspé.

> PREMIÈRE ÉDITION.

187. Eusebi Pamphili Chronicorum canonum libri duo. Opus ex Haicano codice a J. Zohrabo... expressum A. Maius et J. Zohrabus... ediderunt. *Medioluni, regiis typis*, 1818, gr. in-4, demi-rel. chag. grenat.

---

188. Fr. Th. M. Mamachii Originum et antiquitatum christianarum libri XX. *Romæ*, 1749-1755, 5 vol. in-4, demi-rel. peau de truie, tête peigne, ébarbé.

> Livres I à IV.

189. Io. Laur. Moshemii Institutionum historiæ ecclesiasticæ antiquæ et recentioris libri quatuor. *Helmstadii, Weygand*, 1755, in-4, demi-rel. v. f.

> Ouvrage très estimé.

190. Cæsaris Baronii, Od. Raynaldi et Jac. Laderchii Annales ecclesiastici, denuo excusi et ad nostra usque tempora perducti ab Augustino Theiner. *Barri Ducis, Guérin*, 1864, 3 vol. in-4, br.

> Tomes I, II, III.

191. S. Hieronymi Catalogus scriptorum ecclesiasticorum seu de Viris illustribus liber, cum notis Erasmi Roterodami, Mariani Victorii, Henrici Gravii, Auberti Miræi et Jo. Alb. Fabricii. Ernestus Salomo Cyprianus recensuit et annotationibus illustravit. *Francofurti et Lipsiæ, Sustermann*, s. d. in-4, demi-rel. mar. violet.

192. Histoire des origines du christianisme, par Ern. Renan. *Paris, Michel Lévy*, 1863-1883, 8 vol. in-8, demi-rel. mar. grenat, tête dor. ébarbé.

> Vie de Jésus (*Première édition*) : le même ouvrage, 13ᵉ édition, revue et augmentée ; les Apôtres ; Saint-Paul ; l'Antechrist ; les Évangiles ; l'Église chrétienne ; Marc-Aurèle ; Index général.

193. Le Christianisme et ses origines, par Ern. Havet. *Paris, Michel Lévy,* 1871-1884, 4 vol. in-8, les 2 premiers volumes en demi-rel. chag. noir, les 2 derniers brochés.

194. Origine du christianisme. — Réunion de 7 vol. in-8, demi-rel.

Paganisme et judaïsme, par Döllinger, traduit de l'allemand. 1858, 4 tomes en 2 vol. — Havet. Le Christianisme et ses origines. — Les Origines chrétiennes. Leçons d'histoire ecclésiastique professées par l'abbé L. Duchesne (ouvrage lithographié). — Etudes sur les origines du christianisme, par A. Stap. 1864. — Origines du christianisme, par le Dr Döllinger, traduit par L. Bové. 1842, 2 tomes en 1 vol. — Introductio generalis ad historiam ecclesiasticam critice tractandam, auctore P. Carolo De Smedt. 1876.

195. Histoire des empereurs et des autres princes qui ont régné durant les six premiers siècles de l'Eglise, des persécutions qu'ils ont faites aux chrétiens, etc. par le sieur D. (par Le Nain de Tillemont). *A Paris, chez Ch. Robustel,* 1690-1738, 6 vol. in-4, v. f. ant.

196. Mémoires pour servir à l'histoire ecclésiastique des six premiers siècles, par M. Lenain de Tillemont. Seconde édition revue, corrigée par l'auteur et augmentée. *A Paris, chez Ch. Robustel,* 1701-1712, 16 vol. in-4, portr. v. ant. gran.

197. Histoire des trois premiers siècles de l'Église chrétienne, par E. de Pressensé. *Paris, Meyrueis,* 1858-1861, 4 vol. in-8, demi-rel. chag. violet.

198. Rapports entre le Christianisme et l'Empire romain. — Réunion de 12 vol. in-4 et in-8, rel. et br.

Henry Doulcet. Essai sur les Rapports de l'Église chrétienne avec l'État romain pendant les 3 premiers siècles. 1882, fig. — Aubertin. Sénèque et saint Paul. 1857. — A. Fleury. Saint Paul et Sénèque. 1853, 2 vol. — Pelagaud. Etude sur Celse. 1878. — H. Doulcet. L'Apologie d'Aristide et l'épitre à Diognète. — J. Variot. Les Lettres 93 et 99 de Pline le jeune. — J. Reville. La Religion à Rome sous les Sévère. 1886. — Cavedoni. Datta delle apologie et dei rescriti imperiali risguardanti i christiani. 1885. — V. Duruy. La Politique religieuse de Constantin. 1882. — Stuffken. Dissertatio de Theodosii Magni in rem christianam meritis. 1828. — Chastel. Destruction du paganisme en Orient. 1850.

199. L'Église et l'empire romain au ive siècle, par M. Albert de Broglie. Deuxième édition revue et augmentée, *Paris, Didier,* 1857-1866, 6 vol. in-8, demi-rel. chag. bleu.

200. Histoire des persécutions de l'Église durant les premiers siècles. — Réunion de 8 vol. in-8, br.

P. Belouino. Histoire générale des persécutions. 1847-1854, 6 vol. — P. Hochart. Etudes au sujet de la persécution sous Néron. 1885. — P. Allard. Histoire des persécutions. 1886.

201. Histoire ecclésiastique, par l'abbé Fleury, augmentée de quatre livres publiés pour la première fois d'après un manuscrit de Fleury. *Paris,* 1856, 6 vol. in-8 à 2 col. demi-rel. v. bleu.

202. Histoire du christianisme. — Réunion de 8 vol. et plaquettes in-8 et in-4, demi-rel. et br.

E. Chastel. Histoire du christianisme. *Paris,* 1881, *tome I.* — J. L. Moshemii Institutiones historiæ christianæ majores. *Helmstadii,* 1739. — Neander. Histoire de l'établissement de l'Eglise chrétienne. *Paris,* 1836. — E. Reuss. Histoire de la théologie chrétienne au siècle apostolique. *Strasbourg,* 1852. — H. Dannreuther. Du témoignage d'Hégésippe, évêque d'Orléans, par l'abbé Baunard. *Paris,* 1860. — Etude sur la doctrine secrète des Templiers, par J. Loiseleur. *Paris,* 1872. — Etude sur les prédicateurs du xviie siècle avant Bossuet, par P. Jacquinet. *Paris,* 1863. — Etude sur Daniel Huet, évêque d'Avranches, par l'abbé Flottes. *Montpellier,* 1857.

203. Mélanges sur l'histoire ecclésiastique. — Réunion de 8 vol. in-8, demi-rel.

De rebus ad historiam atque antiquitates ecclesiæ pertinentibus F. A. Zaccariæ dissertationes latinæ. *Fulginiæ,* 1781, 2 vol. — Dissertationes selectæ in primam ætatem historiæ ecclesiasticæ, auctore P. C. de Smedt. *Gandavi,* 1876. — Trois mémoires relatifs à l'histoire ecclésiastique des premiers siècles, par J. H. Greppo. *Paris,* 1848. — Théodulfe, sur l'église chrétienne aux deux premiers siècles. *Nancy,* 1878. — P. Dieterlen. L'Apôtre Paul et Simon le Magicien. *Nancy,* 1876. — Le Christianisme unitaire au iiie siècle, par A. Réville. (Extrait de la *Revue des Deux Mondes.*)

204. Histoire de l'Église. — Réunion de 6 vol. in-8, et in-4, demi-rel.

Essais sur la formation du dogme catholique. *Paris,* 1842, 2 vol. — Histoire du dogme catholique, par l'abbé Ginoulhiac. *Paris,* 1852, 2 vol. — Histoire de l'Eglise de Rome de l'an 192 à l'an 224, par l'abbé Cruice. *Paris,* 1856. — Frid. Münteri Primordia ecclesiæ africanæ. *Hafniae,* 1829.

205. Histoire ecclésiastique des Francs par saint Grégoire, traduction par Henri Bordier. *Paris, Firmin Didot,* 1859, 2 vol. in-12, br. — L'Eglise et l'Etat en France sous le règne de Henri IV, par F. T. Perrens. *Paris, Durand,* 1873, 2 vol. in-8, br. — Ens. 4 vol.

206. Steph. Antonii Morcelli e societate Jesu præpositi ecclesiæ clarensis Africa Christiana, in tres partes tributa. *Brixia, ex officina Bettoniana,* 1816, 3 vol. in-4, portr. bas. verte, non rog.

207. Cronologia ecclesiastica, la quale contiene le vite de' Pontefici da S. Pietro, sino al regnante Clemente X. Aggiontovi le attioni più notabili degl' imperatori ed altre cose degne di memoria. Raccolta da diversi scrittori antichi e moderni da Vittorio Baldini. *In Bologna, per Giacomo Monti, s. d.* in-8, fig. sur bois, parch.

Curieux petit ouvrage non cité, contenant un grand nombre de portraits de papes gravés sur bois.

208. Histoire des papes, cardinaux, etc. — Réunion de 9 vol. in-8 et in-12, rel. et br.

Du Pape, par Joseph de Maistre. 1854. — La Souveraineté pontificale selon le droit catholique et le droit européen, par l'évêque d'Orléans (Dupanloup). 1860. — Les Papes-princes italiens. 1870. — L'Election de Léon III et la révolte des Romains en 799, par C. Bayet. 1883. — Grégoire VII et les origines de la doctrine ultramontaine, par Ed. Langeron. — Le Cardinal Bessarion, par Henri Vast.

209. Histoire des conciles d'après les documents originaux par le Dr Ch. J. Héfélé, traduite de l'allemand par M. l'abbé Goschler et M. l'abbé Delarc. *Paris, Leclere,* 1869-78, 12 vol. in-8, demi-rel. chag. violet.

210. Histoire des conciles. — Réunion de 12 vol. demi-rel. et br.

Histoire chronologique et dogmatique des conciles de la chrétienté depuis le concile de Jérusalem jusqu'à nos jours, par M. Roisselet de Sauclières. *Paris,* 1844, 2 vol. — Considérations sur l'histoire des principaux conciles, par De Potter. *Bruxelles,* 1816. 2 vol. — Philosophie de l'histoire des conciles tenus en France... par l'abbé Cacheux. *Paris,* 1844. — Le Concile de Nicée et le Concile d'Alexandrie, par E. Revillout. *Paris,* 1874. — Concilium Seleuciæ et Ctesiphonti habitum anno 410, par Jean Lamy. *Lovanii,* 1868. — Actes du Brigandage d'Ephèse, par l'abbé Martin. *Amiens,* 1874. — Le Pseudo-Synode d'Ephèse, par l'abbé Martin. *Paris,* 1875. — Du Concile général et de la paix religieuse, par Mgr Maret. *Paris,* 1869, 2 vol. — Recueil de 10 opuscules traitant du concile de Rome.

211. Martyrologium Usuardi Monachii, hac nova editione ad excusa exemplaria quatuordecim, ad codicis mss. integros decem et septem, atque ad alios ferme quinquaginta collatum, ab additamentis expurgatum, castigatum et quotidianis observationibus illustratum. Opera et studio Joannis Baptistæ Sollerii. *Antuerpiæ, ex typographia J. P. Robyns,* 1714, in-fol. vign. demi-rel. bas.

Edition recherchée de ce martyrologe; on la joint à la collection des Bollandistes.

212. Acta sanctorum Christi martyrum vindicata ab Odoacre Illbachio, sive a Jacopo Laderchio. *Romæ, sumptibus Laurentii et Thomæ Pagliarini,* 1723, 2 vol. in-4, front. demi-rel. peau de truie, tête peigne, ébarbé.

213. De Martyribus lugdunensibus dissertatio. Accedit altera de Jesu Christi divinitate contra auctorem lexici philosophici et divinatio in sancti Justini martyris de Angelis testimonium. *Bononiæ,* 1779, in-4, vélin.

La dédicace est signée Franciscus Florius.

214. Analecta Bollandiana, ediderunt Carolus de Smedt, Gulielmus van Hooff et Josephus de Backer, presbyteri societatis Jesu. *Paris, Palmé,* 1882-1883, 2 vol. in-8, br.

215. La Vie des saints illustrée, pour chaque jour de l'année, d'après le P. Giry et les grands recueils de l'Hagiographie moderne. *Paris, Firmin Didot*, 1886, gr. in-8, chromolithogr. et fig. br.

216. Études sur les martyrs. — Réunion de 5 vol. in-4 et in-8, rel. et br.

P. Ruinart. Acta Martyrum. 1859. — E. Le Blant. Les Actes des Martyrs. 1882. — La Préparation au martyre. 1874. — Rambaud. Le Droit criminel romain dans les actes des Martyrs. 1885. — Carnandet et Fevre. Les Bollandistes et l'Hagiographie.

217. Variétés de critique et d'histoire religieuses. — Réunion de 6 vol. in-8, demi-rel.

A. Réville. Essais de critique religieuse. *Paris*, 1860. — E. Scherer. Mélanges d'histoire religieuse. *Paris*, 1864. — Variétés d'archéologie et d'histoire religieuse, 14 opuscules en 1 vol. — Variétés de critique et d'histoire, 10 opuscules en 1 vol. — La raison et la foi. Philosophie de S. Bonaventure. Essai sur Gerson. 3 ouvrages en 1 vol. — E. Ferrière. Les Apôtres, essai d'histoire religieuse d'après la méthode des sciences naturelles. *Paris*, 1879.

218. Histoire critique du gnosticisme et de son influence sur les sectes religieuses et philosophiques des six premiers siècles de l'Eglise, par J. Matter. *Paris*, 1828, 2 vol. in-8, demi-rel.

---

219. Excursus ad sibyllina, dissertationes VII, insertis græce et latine, commentarioque auctis sibyllinorum gentilium fragmentis quæ supersunt curante C. Alexandre. — Oracula sibyllina, curante C. Alexandre. *Parisiis, Firmin Didot fratres*, 1856-1869. — Ens. 2 vol. in-8, demi-rel. mar. grenat, tr. peigne.

220. Histoire des religions de la Grèce antique... par Alfred Maury. *Paris, Ladrange*, 1857-1859, 3 vol. in-8, demi-rel. chag. vert.

Quelques taches d'humidité.

221. Mythologie de la Grèce antique, par P. Decharme. *Paris, Garnier frères*, 1879, gr. in-8, fig. demi-rel. mar. r. avec coins, tête dor. ébarbé.

Ouvrage orné de chromolithographies et de figures d'après l'antique.

222. La Religion romaine d'Auguste aux Antonins, par Gaston Boissier. *Paris, Hachette*, 1874, 2 vol. in-8, demi-rel. chag. brun.

223. La Mythologie dans l'art ancien et moderne, par René Ménard. *Paris, Delagrave*, 1878, gr. in-8, fig. demi-rel. mar. vert avec coins, tête dor. ébarbé.

224. Mélanges sur la mythologie. — Réunion de 4 vol. demi-rel. et br.

Mythologie comparée. Réunion de 3 ouvrages et plusieurs opuscules en 1 vol. — J. Goury. Études historiques sur les religions, les arts, la civilisation de l'Asie antérieure et de la Grèce. *Paris*, 1877. — Fr. Lenormand. Sabazius. *Paris*, 1875. — J. Darmesteter. Ormazd et Ahriman. *Paris*, 1876.

II. HISTOIRE ANCIENNE

225. Pauli Orosii presbyteri hispani adversus paganos historiarum libri septem, ut et apologeticus contra Pelagium de arbitrii libertate, ad fidem mss... adjectis notis F. Fabricii et L. Lautii, recensuit, suisque animadversionibus nummisque antiquis plurimis illustravit Sigebertus Havercampus. *Lugduni Batavorum, Luchtmans*, 1767, in-4, vélin, comp. dor.

Édition peu commune et recherchée; c'est la même que celle de 1738, le titre seul est changé.

226. Histoire des Juifs écrite par Flavius Joseph sous le titre de *Antiquités judaiques*, traduite sur l'original grec reveu sur divers manuscrits par M. Arnaud d'Andilly. Edition nouvelle, enrichie de figures en taille-douce. *Amsterdam, Schippers et Wetstein*, 1681, pet. in-fol. front. fig. demi-rel. bas.

    Édition recherchée à cause des figures dont elle est ornée.
    Raccommodages.

227. Histoire des Juifs et des peuples voisins, depuis la décadence des royaumes d'Israël et de Juda jusqu'à la mort de Jésus-Christ, par M. Prideaux, traduite de l'anglais. *Amsterdam, Du Sauzet*, 1728, 6 vol. in-12, fig. v. f. ant. dos orné, fil. tr. r.

    Bonne édition de cette traduction, ornée de curieuses figures.
    Mouillures.

228. Histoire d'Israël, par E. Ledrain. *Paris, Lemerre*, 1879, 2 vol. in-16, demi-rel. mar. vert, tête marb. non rog.

229. Histoire d'Annibal, par M. E. Hennebert. *Paris, Impr. nationale*, 1870-1878, 2 vol. in-8, br.

230. Histoire de la guerre du Péloponnèse, par Thucydides, traduction française par Ambr. Firmin-Didot. *Paris, Firmin Didot*, 1868-1879, 3 vol. in-8, br.

231. La Cité antique. Étude sur le Culte, le Droit, les Institutions de la Grèce et de Rome, par Fustel de Coulanges. Deuxième édition. *Paris, Hachette*, 1866, in-8, demi-rel. chag. violet.

232. Appiani Alexandrini Rom. historiarum, punica, parthica... fragmenta quædam, item de bellis civilibus libri V, gr. et lat. cum Henr. Steph. annotationibus. *Exudebat H. Stephanus*, 1592, in-fol. demi-rel. chag. vert.

233. Les Commentaires de César. Traduction nouvelle..., par M. Le Deist de Botidoux. *Paris*, 1809, 5 vol. in-8, demi-rel. bas. r.

    On a ajouté des portraits et quelques figures au trait.
    Taches.

234. Dion Cassius Nicœus, Ælius Spartianus, Julius Capitolinus, Ælius Lampridius, Vulcatius Gallicanus : Johannis B. Egnatii Veneti in eosdem annotationes. *Parisiis, ex officina Roberti Stephani*, 1544, in-8, car. ital. v. f. dos orné, fil. à fr. tr. dor. (*Thompson.*)

    Cet ouvrage contient une partie des écrivains de l'*Histoire Auguste*.
    Belle et rare édition.

235. Dionis Cassii Romanarum historiarum libri XXV, ex G. Xylandri interpretatione. *Excudebat H. Stephanus*, 1591, pet. in-fol. demi-rel. chag. vert.

    Édition correcte, à laquelle on a joint : E Dione excerptæ historiæ ab Joanne Xiphilino. *H. Stephanus*, 1592.

236. Histoire romaine de Dion Cassius, traduite avec des notes critiques, historiques, etc. et le texte en regard par E. Gros. *Paris, Firmin Didot*, 1845-1870, 10 vol. in-8, demi-rel. peau de truie, tête peigne, ébarbé.

237. Histoire des empereurs romains, par M. Crevier. *A Paris, chez Desaint et Saillant*, 1750-1756, 6 vol. in-4, v. jasp.

238. Histoire des Romains, par Victor Duruy. *Paris, Hachette*, 1870-1885, 7 vol. gr. in-8, fig. et cartes, br.

239. Montesquieu. Considérations sur les causes de la grandeur des Romains et de leur décadence, avec des notes inédites de Frédéric II. *Paris, Firmin Didot*, 1879, in-8, demi-rel. mar. r. avec coins, tête dor. ébarbé.

240. Histoire de la décadence et de la chute de l'Empire romain, traduite de l'anglais d'Ed. Gibbon. Nouvelle édition... par M. F. Guizot. *Paris, Ledentu,* 1828, 13 vol. in-8, demi-rel. v. gris.

241. Mœurs romaines du règne d'Auguste à la fin des Antonins, par L. Friedlænder. Traduction libre... par Ch. Vogel. *Paris, Reinwald,* 1865-1874, 4 vol. in-8, demi-rel. chag. vert.

242. Histoire romaine. — Réunion de 5 vol. in-8, rel.

Eutrope. Histoire romaine (trad. A. Dubois). 1843. — Hérodien. Histoire romaine depuis la mort de Marc-Aurèle (trad. par L. Halévy). 1860. — Michelet. Histoire romaine. Deuxième édition. 1833, 2 vol.—Am. Thierry. Récits d'histoire romaine au v⁰ siècle. 1860.

243. Mélanges d'histoire romaine. — Réunion de 5 vol. in-8, rel. et br.

De la Berge. Trajan. 1877. — Ch. Tissot. Fastes de la Province romaine d'Afrique. 1885. — Mommsen. Mémoires sur les Provinces romaines. 1867. — Bouché-Leclercq. Manuel des Institutions romaines. 1886. — Willems. Le Droit public romain. 1880.

244. Histoire de Constantinople depuis le règne de l'ancien Justin jusqu'à la fin de l'empire. Traduite sur les originaux grecs par M. Cousin. *Paris, Damien Foucault,* 1685, 10 vol. in-12, front. v. ant. gran.

Mouillures. Cassures au premier volume.

245. Histoire du Bas-Empire, par Lebeau. Nouvelle édition, par M. de Saint-Martin. *Paris, Didot,* 1824-1836, 21 vol. in-8, demi-rel. chag. vert.

III. HISTOIRE DE FRANCE. — MÉLANGES

246. Géographie historique et administrative de la Gaule romaine, par Ern. Desjardins. *Paris, Hachette,* 1876-1885, 3 vol. in-8, cartes et fig. br.

247. Dictionnaire historique des institutions, mœurs et coutumes de la France, par A. Chéruel. *Paris, Hachette,* 1855, 2 vol. in-12 à 2 col. demi-rel. v. brun.

248. Histoire de France de Michelet. *Paris, Hachette,* 1852 ; *Chamerot,* 1867, 17 vol. in-8, demi-rel. mar. r.

249. Les Chroniques de J. Froissart, édition abrégée avec texte rapproché du français moderne, par Mᵐᵉ de Witt, née Guizot. *Paris, Hachette,* 1881, gr. in-8, fig. sur bois et planches en chromolith. demi-rel. chag. vert avec coins, tête dor. ébarbé.

250. Collection de documents inédits sur l'histoire de France. *Paris, Imprimerie royale,* 1836-53, 4 vol. in-4, cart. non rog.

Ouvrages inédits d'Abélard, publiés par M. V. Cousin. — Procès des Templiers, publié par M. Michelet. 2 vol. — Privilèges accordés à la couronne de France par le Saint-Siège.

251. Œuvres complètes d'Eginhard, traduites avec notes, variantes et table, par A. Teulet. *Paris, Renard,* 1840-1843, 2 vol. in-8, demi-rel. v. brun.

De la collection de la *Société de l'histoire de France.*

252. Jean, sire de Joinville. Histoire de saint Louis, Credo, et Lettre à Louis X. Texte original, accompagné d'une traduction, par M. Natalis de Wailly. *Paris, Didot,* 1874, in-8, fig. pl. en chromolith. demi-rel. mar. grenat, tête dor. ébarbé.

253. Mémoires de Philippe de Commynes. Nouvelle édition par R. Chantelauze. *Paris, Firmin Didot,* 1881, gr. in-8, fig. et chromolith. demi-rel. mar. grenat avec coins, fil. tête dor. ébarbé.

254. Lettres et négociations de Ph. de Commines, publiées avec un commentaire historique et biographique par M. Kervyn de Lettenhove. *Bruxelles, Devaux*, 1867, 2 tomes en 1 vol. in-8, fig. et fac-sim. demi-rel. mar. vert avec coins, non rog.

255. Rivalité de François Ier et de Charles-Quint, par M. Mignet. *Paris, Didier*, 1876, 2 vol. in-12, demi-rel. chag. La Vall. tête marb. non rog.

256. Commentaires de messire Blaise de Montluc, mareschal de France... *Paris, Le Clerc*, 1760, 4 vol. in-12, demi-rel. mar. brun, tr. r.

   Bonne édition complète, contenant les pièces en vers latins qui ne se trouvent pas dans la plupart des éditions anciennes.

257. Mémoires particuliers pour servir à l'histoire de France sous les règnes de Henri III, de Henri IV, sous la Régence de Marie de Médicis et sous Louis XIII. *Paris, Didot*, 1756, 4 vol. in-12, mar. La Vall. jans. dent. int. tr. r.

   Petite collection comprenant les Mémoires du duc d'Angoulême, du duc d'Estrées, de Déageant et du duc d'Orléans.
   Chiffre sur les plats.

258. Satyre Ménippée de la vertu du Catholicon d'Espagne et de la tenue des Estats de Paris ; augmentée de notes tirées des éditions de Du Puy et de Le Duchat par V. Verger ; et d'un commentaire historique, littéraire et philologique par Ch. Nodier. *Paris, Delangle et Dalibon*, 1824, 2 vol. in-8, front. 8 fig. par Devéria et T. Johannot, demi-rel. v. r.

259. Mémoires de la reyne Marguerite (publiés par Auger de Moléon). Édition nouvelle, plus correcte. *Paris, Jean Ribou*, 1666, in-12, mar. bleu, fil. à fr. dent. int. tr. r.

260. Mémoires pour servir à l'histoire d'Anne d'Autriche, épouse de Louis XIII. Nouvelle édition revue, corrigée et augmentée de notes et du portrait de la reine, par Mme de Motteville. *Amsterdam (Paris), Changuion*, 1750, 6 vol. in-12, mar. bleu jans. dent. int. tr. peigne.

   Seconde édition sous cette date.
   Chiffre sur les plats. Le portrait manque.

261. Journal de Monsieur le Cardinal duc de Richelieu, qu'il a faict durant le grand orage de la Court en l'année 1630 et 1631. *S. l.* 1648, in-12, mar. grenat, dos orné, fil.

   Curieux ouvrage imprimé en Hollande.
   Quelques taches.

262. Les Historiettes de Tallemant des Réaux. Troisième édition, par MM. de Monmerqué et Paulin Paris. *Paris, Techener*, 1862, 6 vol. in-12, demi-rel. mar. r. tête marb. non rog.

263. Mémoires de Mademoiselle de Montpensier. Nouvelle édition, où l'on a rempli les lacunes qui étaient dans les éditions précédentes, corrigé un très grand nombre de fautes et ajouté divers ouvrages de Mademoiselle, très curieux. *Amsterdam, Wetstein et Smith*, 1746, 8 vol. in-12, titre r. et noir, mar. La Vall. jans. dent. int. tr. peigne.

   Chiffre sur les plats.
   Mouillures.

264. Œuvres du cardinal de Retz. Nouvelle édition revue et augmentée par M. Alphonse Feillet. *Paris, Hachette*, 1870-1882, 7 vol. in-8, br.

   De la collection des *Grands Écrivains de la France*.

265. R. Chantelauze : Le Cardinal de Retz et l'affaire du Chapeau, étude historique. 2 vol. — Le Cardinal de Retz et ses missions diplomatiques à Rome. 1 vol. — *Paris, Didier*, 1878-79. — Ens. 3 vol. in-8, br.

266. Mémoires complets et authentiques du duc de Saint-Simon sur le siècle de Louis XIV et la Régence, collationnés sur le manuscrit original par M. Chéruel, et précédés d'une notice par M. Sainte-Beuve. *Paris, Hachette*, 1856-58, 20 vol. in-8, portr. demi-rel. mar. violet, ébarbé.

267. Écrits inédits de Saint-Simon, publiés par M. P. Faugère. *Paris, Hachette*, 1880-81, 3 vol. in-8, br.

268. Mémoires secrets sur les règnes de Louis XIV et de Louis XV, par feu Duclos, de l'Académie françoise. *Paris, Buisson*, 1791, 2 vol. in-8, demi-rel. v.

269. Galerie de l'ancienne cour, ou Mémoires anecdotiques pour servir à l'histoire des règnes de Louis XIV et de Louis XV. Seconde édition revue, corrigée et augmentée. S. *l.* 1788-89, 4 vol. in-12, demi-rel. vél. avec coins, tr. r.

270. Mémoires de la Régence de S. A. R. Mgr le duc d'Orléans durant la minorité de Louis XV. Enrichis de figures en taille-douce (par le chevalier de Piossens). *La Haye, Jean van Duren*, 1730, 3 vol. in-12, titre noir et r. portraits, mar. vert jans. dent. int. tr. dor.

   Première édition.
   Chiffre sur les plats. Mouillures.

271. Souvenirs de la marquise de Créquy, de 1710 à 1803. Nouvelle édition, revue, corrigée et augmentée. *Paris, Garnier, s. d.* 10 tomes en 5 vol. in-12, portr. et pl. d'armoiries, demi-rel. chag. vert.

272. Histoire de la Révolution française, par M. A. Thiers. *Paris, Furne*, 1846, 8 vol. in-12, demi-rel. v. f.

273. La Constitution françoise, décrétée par l'Assemblée nationale constituante, aux années 1789, 1790 et 1791 ; acceptée par le Roi le 14 septembre 1791. *Paris, Belin*, 1791, in-32, front. carte, mar. r. fil. tr. dor. (*Rel. anc.*)

   Carte en couleur de la France divisée en départements.

274. La Démagogie en 1793 à Paris, ou Histoire jour par jour de l'année 1793... par C.-A. Dauban. *Paris, Plon*, 1868, 2 vol. in-8, fig. br.

275. Paris pendant les deux sièges, par L. Veuillot. *Paris, Palmé*, 1871, 2 vol. in-8, demi-rel. chag. violet.

---

276. Guillaume de Tyr et ses continuateurs. Texte français du xiiie siècle, revu et annoté par M. Paulin Paris. *Paris, Didot*, 1879, 2 vol. in-8, cartes, demi-re'. mar. r. avec coins, tête dor.

277. Geoffroy de Ville-Hardouin. Conquête de Constantinople, avec la continuation de Henri de Valenciennes. Texte original accompagné d'une traduction par M. N. de Wailly. *Paris, Didot*, 1874, in-8, fig. pl. en chromo, demi-rel. mar. grenat avec coins, tête dor. ébarbé.

278. Guizot. Œuvres diverses. *Paris, Didier*, 1853-58, 6 vol. in-12, demi-rel. v. gris.

   Histoire de la civilisation en France. 4 vol. — Histoire de la civilisation en Europe. — Shakspeare et son temps.

279. Augustin Thierry. Œuvres. *Paris, Furne*, 1855-56, 5 vol. in-8, portr. demi-rel. v. bleu.

   Conquête de l'Angleterre. 2 vol. — Lettres sur l'histoire de France. Dix ans d'étude. — Récits des temps mérovingiens. — Essai sur l'histoire du Tiers Etat.

IV. ARCHÉOLOGIE

280. Histoire de l'esclavage dans l'antiquité, par H. Wallon. Deuxième édition. *Paris, Hachette*, 1879, 3 vol. in-8, br.

281. Notitia dignitatum et administrationum omnium tam civilium quam militarium in partibus Orientis et Occidentis, recensuit, commentariis indiceque illustravit Ed. Böcking. *Bonnæ, Marcus*, 1839-1853, 3 vol. in-8, demi-rel. chag. violet.

282. Dictionnaire des antiquités grecques et romaines d'après les textes et les monuments, rédigé sous la direction de MM. Ch. Daremberg et Edm. Saglio. *Paris, Hachette*, 1877-1887, 2 vol. in-4, fig. demi-rel. peau de truie, tête dor.

> Tome Ier en deux parties : A-Cz.

283. Dictionnaire des antiquités romaines et grecques, accompagné de 2 000 gravures d'après l'antique, par Anthony Rich, traduit sous la direction de M. Chéruel. *Paris, Firmin Didot*, 1883, pet. in-8 à 2 col. fig. demi-rel. mar. grenat.

84. G. Perrot. Mélanges d'archéologie. — Réunion de 4 vol. demi-rel.

> Mémoires d'archéologie, d'épigraphie et d'histoire. — Essai sur le droit public d'Athènes. — De Galatia provincia. — Mémoire sur l'île de Thasos. — Les Peintures du Palatin.

285. Archéologie grecque. — Réunion de 7 vol. in-4 et in-8, fig. rel. et br.

> A. Dumont et J. Chaplain. Les Céramiques de la Grèce propre (1re partie, vases peints). 1881. — L. Heuzey. Une chaussure antique à inscription grecque. 1873. — Bondelmonte. Description de l'île de Délos. — Trawinski. La Vie des Grecs. 1884, etc.

286. Discours de la religion des anciens Romains ; de la castramétation et discipline militaire d'iceux ; des bains et antiques exercitations grecques et romaines, escript par Guill. du Choul. *Lyon, Roville*, 1567, in-4, fig. demi-rel. mar. noir, tr. r.

> Bon ouvrage, orné de curieuses figures gravées sur bois.
> Le titre est remonté et raccommodé.

287. Antiquitatum romanarum Pauli Manutii Liber de Legibus. Index rerum memorabilium. *Parisiis, apud B. Turrisanum*, 1557, pet. in-8, v. gris, tr. noire.

> PREMIÈRE ÉDITION in-8, imprimée chez Alde en même temps que les deux éditions in-folio.

288. LA TABLE DE PEUTINGER d'après l'original conservé à Vienne, précédé d'une introduction historique et critique par Ern. Desjardins. *Paris, Hachette*, 1869, in-fol. en fascicules, planches.

> Les 14 premières-livraisons.

289. Mélanges d'archéologie romaine. — Réunion de 16 vol. et plaquettes in-4, in-8 et in-12.

> E. Bosc. Dictionnaire général de l'archéologie. *Paris*, 1881, demi-rel. — G. Boissier. Promenades archéologiques, Rome et Pompéi. *Paris*, 1880, br. — Ch. Ravaisson. Critique des sculptures antiques. — G. Conestabile. Note sur une statuette étrusque. — G. de Rossi. Le Horrea sotto l'Aventino. — Note sopra alcune porte antiche di Palermo, di V. di Giovanni. — R. Garucci. Les Mystères du syncrétisme phrygien. — Waddington. Fastes des provinces asiatiques, etc...

290. Histoire de l'art dans l'antiquité, par G. Perrot et Ch. Chipiez. *Paris, Hachette*, 1882-1885, 3 vol. gr. in-8, fig. br.

> Tome Ier, l'Égypte. — Tome IIe, Chaldée et Assyrie. — Tome III, Phénicie, Cypre.

291. La Sculpture égyptienne, par Emile Soldi. *Paris, Leroux*,1876, gr. in-8, fig. demi-rel. mar. r. tête dor. ébarbé.

292. Étude sur les sarcophages chrétiens antiques de la ville d'Arles, par M. Edm. Le Blant. Dessins de M. Pierre Fritel. *Paris, Impr. nationale*, 1878, in-fol. pl. cart.

293. E. Beulé : Fouilles et découvertes résumées et discutées en vue de l'histoire, 2 vol. — Études sur le Péloponèse, 1 vol. — L'Acropole d'Athènes, 1 vol. — *Paris, Didier* et *Firmin Didot*, 1855-1873, 4 vol. in-8, demi-rel.

294. Henri Schliemann. Ilios, ville et pays des Troyens. Résultat des fouilles sur l'emplacement de Troie et des explorations faites en Troade de 1871 à 1882, traduit de l'anglais par Mᵐᵉ E. Egger. *Paris, Firmin Didot*, 1885, gr. in-8, demi-rel. chag. violet, tête dor. ébarbé.

295. Pompei e la Regione sotterrata dal Vesuvio nell'anno LXXIX. Memorie e notizie pubblicate dall' ufficio tecnico degli scavi delle province meridionali. *Napoli*, 1879, in-4, pl. cart. non rog.

296. LES CATACOMBES DE ROME. Histoire de l'art et des croyances religieuses pendant les premiers siècles du christianisme, par Théophile Roller. *Paris, Morel, s. d.* 2 vol. in-fol. fig. demi-rel. mar. r. avec coins, fil. tête dor. ébarbé.

297. Rome souterraine. Résumé des découvertes de M. de Rossi dans les catacombes romaines, et en particulier dans le cimetière de Calliste, par J. Spencer Northcote et W. R. Brownlow, traduit de l'anglais avec des additions et des notes par Paul Allard. Préface par M. de Rossi. Ouvrage illustré de 70 vignettes, 20 chromolithographies et d'un plan du cimetière de Calliste. *Paris, Didier*, 1872, in-8, fig. demi-rel. chag. vert avec coins, fil. tête dor. ébarbé.

298. La Monnaie dans l'antiquité, par Fr. Lenormant. *Paris, A. Lévy*, 1878-1879, 3 vol. in-8, br.

299. ŒUVRES COMPLÈTES de Bartholomeo Borghesi. *Paris, Imprimerie nationale*, 1862-84, 9 vol. in-4, dont 8 en demi-rel. peau de truie, tête dor. ébarbé, et 1 en 2 parties br.

Œuvres numismatiques, 2 vol. — Œuvres épigraphiques, 3 vol. — Lettres, 3 vol. — Nouveaux fragments des Fastes consulaires, et les préfets de Rome, 2 fasc. (Tome IX).

300. Ezechielis Spanhemii Dissertationes de præstantia et usu numismatum antiquorum. *Amstelodami, apud Danielem Elzevirium*, 1671, in-4, portr. fig. vélin.

Ouvrage estimé.

301. Numismatique antique. Les Médaillons de l'Empire romain, par W. Froehner. *Paris, Rothschild*, 1878, in-4, fig. demi-rel. mar. brun avec coins, tête dor. ébarbé.

Ouvrage orné de 1310 vignettes.

302. Inscriptionum latinarum selectarum amplissima collectio ad illustrandam Romanæ antiquitatis disciplinam accommodata ac magnarum collectionum supplementa complura emendationesque exhibens. Cum ineditis Io. Casp. Hagenbuchii, suisque adnotationibus edidit Io. Casp. Orellius... *Turici, typis Orellii*, 1828, 3 vol. in-8, demi-rel. chag. r.

Le troisième volume contient le supplément de G. Henzen, 1856.

303. Inscriptiones christianæ urbis Romæ, septimo sæculo antiquiores, edidit J. B. de Rossi. Volumem primum. *Romæ, ex officina libraria pontificia*, 1857-59, in-fol. cart. non rog.

304. Inscriptions chrétiennes de la Gaule antérieures au viiie siècle, réunies et annotées par Edm. Le Blant. *Paris, Impr. impériale*, 1856-1865, 2 vol. in-4, demi-rel. mar. brun, tête dor. ébarbé.

Tome Ier, Provinces gallicanes. — Tome IIe, Les Sept Provinces.

305. Dictionnaire des antiquités chrétiennes, par M. l'abbé Martigny. *Paris, Hachette*, 1865, in-8, demi-rel. chag. La Vall.

306. Bullettino di archeologia cristiana, del cav. G. B. de Rossi. *Roma, tipographia Salviucci*, 1863-85, 1 vol. in-4, 1 fort vol. in-8 et 9 vol. in-8, fig. en noir et chromolithogr. — Ens. 11 vol. demi-rel. chag. r.

Ouvrage publié par séries: Ire série : 1863-69. — IIe série : 1870-75. — IIIe série : 1878-81. — IVe série : années 1882,83,84,85.

307. Mélanges d'archéologie religieuse. — Réunion de 18 vol. et plaquettes, demi-rel.

E. Le Blant. Manuel d'épigraphie chrétienne. *Paris*, 1869. — C. Bayet. De titulis Atticæ christianis antiquissimis. *Paris*, 1878. — G. Henon. Iscrizione onoraria d'Adriano. — De Witt. Médailles de Salonine. *Bruxelles*, 1853. — Ch. Bayet. Histoire de la peinture et sculpture chrétiennes en Orient. *Paris*, 1879. — E. Le Blant. La Question du vase de sang. *Paris*, 1858. — Th. Roller. Saint-Clément de Rome. *Paris*, 1873. — Le P. Dutau. Un prétendu tombeau de saint Luc. *Paris*, 1883. — L. Lefort. Chronologie des peintures des catacombes. *Paris*, 1881. — A. Firmin Didot. Le Missel des Ursins. *Paris*, 1861. — L'abbé Duchesne. Etude sur le Liber Pontificalis. *Paris*, 1877. — J. Oppert. La chronologie biblique. *Paris*, 1868. — Di un codice critico della Biblia volgata. *Palerme*, 1880. — De Rossi. Verre représentant le temple de Jérusalem. *Gênes*, 1883. — M. Croiset. Peregrinus Protée. *Montpellier*, 1879. — P. Allard. L'Art païen sous les empereurs chrétiens. *Paris*, 1879. — Variétés. 2 vol.

V. HISTOIRE LITTÉRAIRE. — BIOGRAPHIE
BIBLIOGRAPHIE. — DICTIONNAIRES

308. Alde Manuce et l'Hellénisme à Venise, par Ambr. Firmin-Didot. *Paris, Didot*, 1875, in-8, portr. et fac-sim. demi-rel. mar. grenat, tr. marb.

309. Histoire générale de la littérature du Moyen Age en Occident, par A. Ebert, traduite de l'allemand par le Dr J. Aymeric et le Dr James Condamin. *Paris, Leroux*, 1883-1884, 2 vol. in-8, br.

310. Histoire de la littérature française, par D. Nisard. *Paris, Didot*, 1877, 4 vol. in-8, demi-rel. mar. noir avec coins, fil. tête marb. non rog.

311. Histoire littéraire de la France au xive siècle, par Victor Le Clerc et Ernest Renan. *Paris, Michel Lévy frères*, 1865, 2 vol. in-8, demi-rel. v. f. dos orné, non rog.

Exemplaire de JULES JANIN.

312. Correspondance littéraire, philosophique et critique, par Grimm, Diderot, Raynal, Meister, etc. avec notices, notes, table, par Maurice Tourneux. *Paris, Garnier frères*, 1877-1882, 16 vol. in-8, demi-rel. mar. vert avec coins, tête peigne, non rog.

313. Académie des Inscriptions et Belles-Lettres. Comptes rendus des séances. *Paris, Durand*, 1858-1867, 11 vol. in-8, br.

Première série, publiée par M. Ern. Desjardins. 8 vol. — Seconde série, publiée par M. A. Tardieu. 3 vol.

314. Archives des missions scientifiques et littéraires. Choix de rapports et instructions. *Paris, Imprimerie nationale*, 1864-81, 32 livraisons in-8, fig. cartes, plans, br.

315. Annuaire de l'Association pour l'encouragement des études grecques en France. *Paris, Leroux*, 1869-86, 17 vol. in-8, br.

Années 3 à 6 et 8 à 20.

316. Monuments grecs publiés par l'Association pour l'encouragement des études grecques en France. Premier volume. 1872-1881. *Paris*, 1882, in-4, pl. demi-rel. mar. vert, ébarbé.

317. Les Vies des hommes illustres, traduites du grec de Plutarque par J. Amyot. Nouvelle édition avec notes et notice par M. Coray. *Paris, Dupont*, 1826, 12 vol. in-8, demi-rel. bas.

318. Nouvelle Biographie générale, publiée par MM. Firmin-Didot frères. *Paris, Firmin Didot frères*, 1855-1866, 46 vol. in-8 à 2 col. demi-rel. chag. violet.

319. Biographies. — Réunion de 4 vol. in-8, demi-rel.

V. di Giovanni. G. Pico della Mirandola. *Firenze*, 1882. — C. Waddington. Ramus, sa vie, ses écrits et ses opinions. *Paris*, 1885. — G. Feugère. Érasme, étude sur sa vie et ses ouvrages. *Paris*, 1874. — E. Grucker. Fr. Hemsterhuis; sa vie et ses œuvres. *Paris*, 1866.

320. Photii Myriobiblion sive Bibliotheca librorum quos legit et recensuit Photius; græce edidit D. Hœschelius et notis illustravit; latine vero reddidit et scholiis auxit A. Schottus. Opus... hac ultima editione recognitum, locisque aliquot suæ integritati restitutum. *Rothomagi, Berthelin fr.*, 1653, in-fol. v. br. ant. estampé.

Édition la plus recherchée de cet ouvrage important. Mouillures.

321. Joannis Alberti Fabricii Bibliotheca græca sive notitia scriptorum veterum græcorum... Editio quarta... *Hamburgi, Bohn*, 1790-1809, 12 vol. in-4, demi-rel. p. de truie r.

322. Dictionnaire historique et critique de P. Bayle. Nouvelle édition augmentée de notes extraites de Chaufepié, Joly, La Monnoie, Le Duchat, etc. *Paris, Desoix*, 1820, 16 vol. in-8 à 2 col. portr. demi-rel. v. brun.

323. Dictionnaire encyclopédique d'anecdotes modernes, anciennes, françaises et étrangères, par Edm. Guérard. *Paris, Firmin Didot frères*, 1872, 2 vol. pet. in-8 à 2 col. demi-rel. chag. r.

324. Livres en lots bien conditionnés.

TABLE DES DIVISIONS

Paris. — Typ. Georges Chamerot, 19, rue des Saints-Pères. — 23093.